Nadine Mechadani

Hermann Hesse auf der Couch

Nadine Mechadani

Hermann Hesse auf der Couch

Freuds und Jungs Psychoanalyse und ihr Einfluss auf die Romane „Demian", „Siddhartha" und „Der Steppenwolf"

Tectum Verlag

Nadine Mechadani

Hermann Hesse auf der Couch.
Freuds und Jungs Psychoanalyse und ihr Einfluss auf die Romane „Demian", „Siddhartha" und „Der Steppenwolf"

ISBN: 978-3-8288-9740-3

Umschlagabbildung: Hermann Hesse (Foto: Gret Widmann), Sigmund Freud (um 1900), C.G. Jung (Sigmund Freud Museum)

Besuchen Sie uns im Internet
www.tectum-verlag.de

Bibliografische Informationen der Deutschen Nationalbibliothek
Die Deutsche Nationalbibliothek verzeichnet diese Publikation in der Deutschen Nationalbibliografie; detaillierte bibliografische Angaben sind im Internet über http://dnb.ddb.de abrufbar.

Widmung und Dank

Diese Magisterarbeit möchte ich meinem Betreuer Herrn Prof. Dr. Michael Wetzel, meiner Zweitgutachterin Frau Prof. Dr. Eva Geulen und meinen geliebten Eltern Katrin und Rahman Mechadani widmen.

Herrn Prof. Dr. Wetzel danke ich sehr für die Übernahme und Betreuung dieses Magisterarbeitsthemas, womit er mir ermöglichte, mich mit einer sehr interessanten und lebendigen wissenschaftlichen Fragestellung zu beschäftigen.

Frau Prof. Dr. Geulen danke ich recht herzlich für die Übernahme des Zweitgutachtens.

Meinen Eltern danke ich für ihre liebevolle moralische Unterstützung während der Arbeit an diesem Magisterthema und während der gesamten Prüfungsphase sowie für ihr stets lebhaftes Interesse an meiner Arbeit.

Inhaltsverzeichnis

1. Einleitung

Der Autor Hermann Hesse (1877–1962) hat sich zeitlebens mit der Psychoanalyse Sigmund Freuds und der Analytischen Psychologie Carl Gustav Jungs auseinandergesetzt, was sich sowohl im Brief- als auch im Romanwerk des Dichters deutlich zeigt. In der vorliegenden Magisterarbeit soll es nun um Hermann Hesses drei Romane „Demian. Die Geschichte von Emil Sinclairs Jugend" von 1919, „Siddhartha. Eine indische Dichtung" von 1922 und „Der Steppenwolf" von 1927 gehen. Diese drei Romane weisen besonders auffällige Bezüge zur Psychoanalyse Freuds und der Analytischen Psychologie C. G. Jungs auf, was sie für eine Textanalyse sehr interessant macht. Die drei Romane „Demian", „Siddhartha" und „Der Steppenwolf" werden in dieser Arbeit unter dem Gesichtspunkt der Freudschen und Jungschen Psychoanalyse untersucht, auch unter Einbeziehung des Symbolgehaltes der drei Romane, der eine besonders wichtige Rolle in der Textanalyse spielen wird (bspw. in Gestalt des Vogelmotivs im „Demian" oder der Flusssymbolik im „Siddhartha").

Bevor die drei ausgewählten Romane untersucht werden, wird sich zuvor ein einleitendes Kapitel mit Hermann Hesses Beziehungen zu seinem Psychoanalytiker Josef Bernhard Lang – er führte den Schriftsteller überhaupt erst in psychoanalytische Themenbereiche wie z.B. die Traumdeutung ein –, zu Carl Gustav Jung und zu Sigmund Freud beschäftigen. Es wird in diesem Kontext auch darum gehen, welche Ansichten der Autor generell gegenüber der Psychoanalyse und der Analytischen Psychologie vertrat. Hermann Hesse hatte – wie sich zeigen wird – ein zwiespältiges Verhältnis zur wissenschaftlich-empirischen Herangehensweise an die menschliche Seele: Er hatte auf der einen Seite Achtung und Respekt vor den Errungenschaften Freuds und Jungs, war aber auf der anderen Seite auch überaus kritisch, insbesondere, was die Stellung der Kunst und des Künstlers in der Psychoanalyse anbetraf. Worin genau Hesses Kritik an der Psychoanalyse Freuds und Jungs bestand, wird im Kapitel „Hermann Hesse und seine Beziehung zur Psychoanalyse" erläutert werden.

Ein weiterer einführender Abschnitt wird sich dem Verhältnis Hermann Hesses, C. G. Jungs und Sigmund Freuds zur Religion und Religiosität zuwenden. In Hesses drei Romanen „Demian", „Siddhartha" und „Der Steppenwolf" zeigt sich eine Reihe religiöser Symbole und Motive – bspw. das Vogelmotiv als Bezug auf die gnostische und das Kainsmotiv auf die christliche Glaubenswelt –, die eine enge Verbindung zu dem Unbewussten aufweisen, wie z.B. der Vogel als Symbol der *Libido* und des *Individuationsprozesses* und Kain als Vertreter des Jungschen *Schattens*. Im Kapitel „Hermann Hesse und die Religion" wird es sowohl um die Beziehung des Dichters zu Religion und Glaube allgemein, als auch um sein Verhältnis zu den christlichen und fernöstlichen Glaubenslehren im Besonderen gehen. Sigmund Freud und Carl Gustav Jung haben sich ebenfalls intensiv mit dem Themengebiet der Religion befasst, was sich in mehreren Schriften und Abhandlungen äußerte, so in Freuds „Der Mann Moses und die monotheistische Religion" oder in Jungs „Psychologie und Religion".

Anhand dieser und anderer Literatur soll das Verhältnis der Psychoanalyse zur Religion erörtert werden und es wird dabei erkennbar werden, dass C. G. Jung einen anderen Zugang zu religiösen Phänomenen an den Tag legte als Sigmund Freud.

Im Hauptteil meiner Magisterarbeit soll es in der Hauptsache darum gehen, eine Textanalyse von Hesses drei Romanen „Demian", „Siddhartha" und „Der Steppenwolf" zu erarbeiten, in welche die Psychoanalyse Sigmund Freuds und die Analytische Psychologie Carl Gustav Jungs einbezogen werden und als Interpretationshilfe dienen sollen. Viele der Figuren, Motive und Symbole dieser drei Romane lassen sich psychoanalytisch deuten, wie bspw. der Fluss im „Siddhartha" als Symbol für das *Unbewusste*, Frau Eva als *Mutterarchetypus* oder der Vogel als *Libido*symbol. Für die Untersuchung der ausgewählten Texte werden die Abhandlungen und Schriften Freuds und Jungs zu Hilfe genommen. In diesem Kontext wird auch auf den lebendigen, bildhaften und symbolreichen Schreibstil, dessen sich der Autor Hesse bedient – im „Demian" wird z.B. für einen gelungenen Jungschen *Individuationsprozess* der Ausdruck „der Vogel kroch aus dem Ei" verwendet –, eingegangen.

Den Abschluss der Magisterarbeit werden eine Zusammenfassung der Untersuchungsergebnisse und deren Einordnung in den Gesamtzusammenhang der Arbeit bilden. Es wird anhand der Textanalyse und ihrer Ergebnisse darauf eingegangen, inwiefern sich nun die Psychoanalyse Sigmund Freuds und die Analytische Psychologie Carl Gustav Jungs konkret auf Hermann Hesses Romane „Demian", „Siddhartha" und „Der Steppenwolf" ausgewirkt haben.

2. Hermann Hesse und seine Beziehung zur Psychoanalyse

Das Werk Hermann Hesses und insbesondere seine drei Romane „Demian, „Siddhartha" und „der Steppenwolf" wurden maßgeblich von der Analytischen Psychologie[1] Carl Gustav Jungs und der Psychoanalyse Sigmund Freuds beeinflusst. In Berührung mit den Schriften und den darin vertretenen Auffassungen Freuds und vor allem Jungs kam Hesse über seinen Psychoanalytiker Josef Bernhard Lang, mit dem ihn auch eine, über das rein therapeutische Verhältnis hinaus, recht enge Freundschaft verband. Im Folgenden sollen Hermann Hesses Beziehungen zu J. B. Lang, C. G. Jung und Sigmund Freud näher erläutert werden.

2.1 Hermann Hesse und Josef Bernhard Lang

Die Bekanntschaft mit dem Psychoanalytiker Josef Bernhard Lang, einem Schüler Carl Gustav Jungs, entstand im Frühjahr 1916 bei einem Kuraufenthalt Hesses in der Klinik Sonnmatt bei Luzern. Hermann Hesse klagte zu dieser Zeit über nervöse Zustände, Verdauungsbeschwerden[2] und Kopfschmerzen, zu denen später auch Angstzustände hinzukamen. Hermann Hesse begab sich aufgrund einiger unerfreulicher Belastungen und Ereignisse zur Kur: der Erste Weltkrieg (1914–1918), die beginnende psychische Erkrankung bei seiner ersten Frau Maria, eine schwere Erkrankung des Sohnes Martin und der Tod seines Vaters im März 1916, der für den Dichter „ganz unerwartet"[3] kam.

Das alles waren schwerwiegende Belastungen für Hesses Psyche, die sich psychosomatisch in körperlichen Gebrechen wie Schwindelanfällen oder Magenbeschwerden äußerten und bei denen die üblichen medizinischen Behandlungen nicht zu helfen schienen, so dass schließlich der Psychoanalytiker Josef Bernhard Lang hinzugezogen wurde um dem Schriftsteller zu helfen. Lang legte den Schwerpunkt seiner Analyse bei Hesse auf die Traumanalyse und brachte ihn dazu, seine Gedanken und verdrängten Erinnerungen auch malerisch auszudrücken. Im August 1916 schrieb Hesse an Hildegard Neugeboren recht optimistisch über die Psychoanalyse:

> Der letzte Weg, zu dem freilich ein großer Entschluß des Patienten gehört, ist der einer Psychoanalyse. Je nach System (es gibt mehrere) ist diese Kur leichter oder

---

[1] Jung benutzte als Ausdruck für das praktische Verfahren seiner psychologischen Analyse stets den Begriff *Analytische Psychologie*. Er wählte diese Bezeichnung ab 1913, um Verwechslungen mit Freuds *Psychoanalyse* zu vermeiden. Vgl. hierzu: Jacobi, Die Psychologie, S. 14f.

[2] Vgl. Hesse, Briefe, Bd. 1, S. 318.

[3] Ebd., S. 558.

> schwerer, einschneidend ist sie auf jeden Fall und fordert viele Opfer, dafür bietet sie die Möglichkeit der Heilung und ist gefahrlos.[4]

Hesse scheint in seiner Zuversicht gegenüber der Psychoanalyse bestätigt worden zu sein, denn schließlich entscheidet er sich für weitere psychoanalytische Behandlungen bei Dr. Lang und nimmt zwölf, ungefähr dreistündige, Sitzungen in Anspruch, um einige Zeit später bis November 1917 für etwa sechzig weitere psychoanalytische Sitzungen von seinem Wohnsitz in Bern nach Luzern zu Dr. Lang zu fahren.[5] Hesse selbst spürte zu Beginn der Psychoanalyse „das Abwelken von Trieben und Denkweisen, die mir einst lieb und lebendig waren“[6] und gleichzeitig „das Werden von Neuem, das noch unklar ist und mehr Angst als Freude macht.“[7] Dass diese „Angst“ nicht unbegründet war, weil die psychoanalytische Vorgehensweise an längst verdrängten und unangenehmen Erinnerungen rührt, zeigt ein Brief Hesses an Walter Schädelin vom Mai 1916:

> Sicher ist mir nur, daß ich, mit der Gründlichkeit einer Psychose auf mich selbst zurückverwiesen, durch diesen engen und höllischen Tunnel nicht werde kriechen können, ohne verändert und durchgeknetet drüben herauszukommen.[8]

Aber auch diese Textstelle zeigt Hesses, wenn auch noch verhaltene, Zuversicht auf eine Besserung seiner seelischen Anspannung mittels der psychoanalytischen Behandlungsmethode, welche ihn auf sich selbst „zurückverweist“, da die Lösung der Konflikte nur aus seinem eigenen Inneren kommen kann. J. B. Lang führt Hesse insbesondere durch seine Traumanalysen in eine neue Lebensphase, die ihn bisher verdrängte Verhaltensmuster klar erkennen lässt und sich einige Zeit später besonders deutlich in seinem 1919 erschienenen Werk „Demian“ niederschlägt. Zwei dieser Verhaltensmuster spricht der Dichter in einem Brief an Josef Bernhard Lang vom Mai 1916 an, indem er auf seine „verschobene soziale Einstellung“[9] und „jenes Kopieren des Vaters in der Ehe“[10] hinweist. Bei Lang „beginnt Hesses systematische Auseinandersetzung mit seinen Träumen“[11], die sich zuerst im „Traumtagebuch der Psychoanalyse 1917/1918“ zeigt, in dem Traumprotokolle und ganze Traumberichte zusammen mit persönlichen Gedanken zu finden sind. Allein anhand der Existenz dieser umfangreichen persönlichen Aufzeichnungen über seine Träume, lässt sich bereits der starke Eindruck, den die Psychotherapie bei Lang auf Hesse gemacht hat, erkennen. Einige Zeit später wird Hermann Hesse diese Eindrücke und neu gewonnenen Einsichten in sein Seelenleben auch literarisch umsetzen, angefangen mit dem „De-

---

4 Hesse, Briefe, Bd. 1, S. 331.
5 Vgl. Baumann, Hermann Hesses Erzählungen, S. 10.
6 Hesse, Briefe, Bd. 1, S. 324.
7 Ebd.
8 Ebd., S. 323.
9 Hesse, Die dunkle und wilde Seite, S. 28.
10 Ebd.
11 Kory, Hesses Beziehung zur Tiefenpsychologie, S. 43.

mian“ über „Siddhartha“ bis hin zum „Steppenwolf“. In welcher Art und Weise sich diese Faszination Hesses für die Psychoanalyse Jungs und Freuds jeweils in den drei Romanen offenbart, wird sich im Hauptteil dieser Arbeit zeigen, der sich mit der Textanalyse der drei Romane „Demian“, „Siddhartha“ und „Der Steppenwolf“ beschäftigen wird.

Die anfangs therapeutische Beziehung zu Josef Bernhard Lang allerdings begann sich zu intensivieren und sich in ein warmes und freundschaftliches Verhältnis umzuwandeln, bei dem Lang zunächst als eine Art Lehrer fungierte, der Hermann Hesse die Analytische Psychologie Jungs und den Gnostizismus näher brachte.[12] In einem Brief vom Januar 1924 an Helene Welti schreibt Hesse über Lang:

> Der mir befreundete Psychoanalytiker *Dr. Lang* [Hervorh. i. Orig.], durch den ich anno 1916 die analytische Psychologie kennen lernte, und dem ich *sehr viel verdanke* [Hervorh. i. Orig.], hat sich [...] in Zürich niedergelassen und eine Praxis eröffnet [...].[13]

Ab dem Sommer 1924 begannen sich Lang und Hesse in ihrem Briefverkehr zu duzen[14] und Hermann Hesse beginnt auch immer mehr ein Helfer und eine Stütze für seinen früheren Therapeuten zu werden, der sich zunehmend bei ihm über seine psychischen Probleme auszusprechen beginnt: „Ich habe dieses Jahr so viel Schweres erlebt, dass ich psychisch eine zeitlang gelähmt war und nichts machen mochte, was nicht absolut dringend war.“[15] Auch äußert sich Lang bei Hesse über seine Einsamkeit: „[...] und ich bin so allein und menschenverlassen hier in der Weltabgeschiedenheit.“[16] Hermann Hesse beklagt sich im Antwortbrief vom 17. April 1922 aber ebenfalls über seine Einsamkeit und eine „Leere in meinem Leben“[17]. Trotz des freundschaftlichen Verhältnisses, das die beiden Männer miteinander hatten, blieb Lang dennoch weiterhin auch als Hesses Arzt tätig, der sich auch um medizinische Behandlungen wie z.B. Impfungen kümmerte.[18]

---

[12] Vgl. Hesse, Briefe, Bd. 2, S. 128f.: In einem Brief an seinen Neffen Carlo Isenberg vom 7. Januar 1926 stellt Hesse eine Verbindung zwischen Josef Bernhard Lang und seiner „Demian“-Figur Pistorius her, indem er Lang indirekt als das Vorbild für den Pistorius des „Demian“ bezeichnet. Hesse schreibt: „Es ist für mich der einzige Weg, das Leben unter den jetzigen Umständen ertragen zu können, und da ich hier einen Freund habe (den Pistorius des „Demian“), mit dem ich diese Wege gehe, hat diese böse Zeit [...] doch auch ihre Größe und Schönheit.“ Die Figur des Pistorius weiht Emil Sinclair, die Hauptfigur des Romans „Demian“, in die Geheimnisse des kollektiven Unbewussten und der Traumdeutung ein, so wie J. B. Lang bei Hesse.

[13] Ebd., S. 78.

[14] Vgl. Hesse, Die dunkle und wilde Seite, S. 228.

[15] Ebd., S. 206.

[16] Ebd., S. 187.

[17] Ebd., S. 188.

[18] Vgl. ebd., S. 383.

Doch wer war nun dieser Psychoanalytiker Josef Bernhard Lang? Josef Bernhard Lang war ein sehr gebildeter und geistreicher, aber auch schwieriger und wenig bodenständiger Mensch, der, je älter er wurde, desto mehr auf aufmunternde Korrespondenz, bspw. mit Hermann Hesse, angewiesen war. Er war im Kreis C. G. Jungs in Zürich aktiv und hielt dort Vorträge u.a. über „psychologische Tatbestandsdiagnostik" (1914)[19]. Lang war sehr an Spiritualität, Religion und Literatur interessiert und tauschte sich mit Hesse in regem Briefkontakt auch über dessen jeweils neueste Werke aus, auch wenn Hesse ihm, genauso wie Jung, Freud und den Psychoanalytikern überhaupt, einen Mangel an Kunstsinn vorwarf:

> Die Psychoanalyse lernte ich 1916 kennen, als mein privates Leben, zusammen mit dem Druck des Krieges, etwas zu schwierig geworden war. Der Arzt [sc. Josef Bernhard Lang] war nicht überlegen, er war zu jung und hatte zu viel Respekt vor der Berühmtheit, aber es war ihm ernst und er wurde mir ein sehr lieber Freund, auch noch Jahrzehnte nachdem von Analyse zwischen uns nicht mehr die Rede war. Erst sehr spät, lang nach der (vorwiegend Jungschen) Analyse, merkte ich allmählich, daß mein Freund zur Kunst gar kein Verhältnis hatte, obwohl er sehr für sie schwärmte, und mit der Zeit wurde mir klar, daß dies bei allen Psychoanalytikern der Fall war, obenan bei Jung, kein einziger von den vielen, die ich kannte, sah in der Kunst etwas anderes als eine Ausdrucksform des Unbewußten; der neurotische Traum eines beliebigen Patienten war ihnen ebenso wertvoll und weit interessanter als der ganze Goethe.[20]

So schreibt Lang im März 1923 aus der Sicht des Psychoanalytikers über den „Siddhartha":

> Es ist wohl hier eine parallele Auffassung, wie im Siddhartha, der mir übrigens einen sehr grossen [!] Eindruck gemacht hat. Beim ersten Lesen hat mir die Kamala am tiefsten gefallen, das ist überhaupt unübertrefflich. Ist sie ganz aus Ihnen heraus geschöpft oder hatte sie eine fleischliche Doppelgängerin? Jedenfalls scheint mir diese Seite so gestaltet, wie ich sie auch nur annähernd noch nirgends gefunden habe.[21]

Diese Stelle aus einem Brief Langs von 1923 zeigt, dass Lang die Figur der Kamala aus dem Roman „Siddhartha" nicht literaturwissenschaftlich interpretiert, sondern psychoanalytisch als einen Teil von Hesses Selbst. Damit untermauert Lang ungewollt Hesses Urteil über den Mangel an Kunstsinn bei den Psychoanalytikern, da diese den „Siddhartha" lediglich als „eine Ausdrucksform des Unbewußten"[22] ansehen und nicht als eigenständiges Kunstwerk. Doch ändert der Mangel an Kunstverständnis nichts an der Tatsache, dass Lang ein sehr an Literatur interessierter und insgesamt wissbegieriger Mensch war.

---

[19] Vgl. Hesse, Die dunkle und wilde Seite, S. 11, im Vorwort von Thomas Feitknecht.
[20] Hesse, Briefe, Bd. 4, S. 54.
[21] Hesse, Die dunkle und wilde Seite, S. 206.
[22] Baumann, Hermann Hesse, S. 130.

Als Josef Bernhard Lang in ein Strafverfahren wegen „Gehilfenschaft bei Abtreibung“ geriet, bei dem es um von Dr. Lang erstellte Gutachten für junge Frauen in Not ging, schrieb Hermann Hesse ein Gutachten zu seinen Gunsten, das vor Gericht große Beachtung fand. 1940 wurde Lang dann schließlich freigesprochen. In diesen Zeitraum fällt ein Attest C. G. Jungs, das Lang wie folgt beurteilt:

> Dr. J. B. Lang ist mir bekannt als ein durchaus gütiger Mensch, der am Leiden seiner Mitmenschen warmen und tiefen Anteil nimmt. Ich schätze seine wißenschaftlichen Arbeiten wegen ihres großen Gedankenreichtums und ihrer bedeutenden Gelehrsamkeit. Mit einer solchen geistigen Veranlagung ist in der Regel eine gewiße Weltfremdheit verbunden, welche leicht Anlaß zu Verwicklungen geben kann. Ich bin daher überzeugt, daß Dr. Lang in allen seinen Handlungen sich in allererster Linie durch seinen Idealismus und durch seine menschenfreundliche Hilfsbereitschaft bestimmen läßt.[23]

Selbst der bekannte Psychoanalytiker Carl Gustav Jung erkennt also Langs wissenschaftliche Arbeiten und seine Menschlichkeit an, attestiert ihm allerdings auch eine „Weltfremdheit“, welche Lang das Leben zunehmend schwer und ihn vom Trost anderer immer abhängiger machen sollte. Hermann Hesse versucht ihm in dieser schweren Phase beizustehen und schreibt:

> Immer sind meine Gedanken bei dir, in Vieles kann ich mich hinein denken, und vielleicht am besten in die Stimmung, in der man nichts mehr tun, nichts mehr hören und sagen mag und sich lieber unter die Dampfwalze legt.[24]

Anhand solcher brieflicher Bekenntnisse lässt sich leicht ersehen, wie wichtig Lang für Hesse war und wie sehr angewiesen Lang in späteren Jahren auf Hesse war, zumal er psychisch immer labiler wurde. Langs wichtigste Eigenschaft war allerdings seine Wiss- und Lernbegierde, die ihn für Hesse zu einem Wissensvermittler über alte Religionen und Sprachen (Lang lernte u.a. Assyrisch, Chaldäisch und Altgriechisch) werden ließ, bis hin zum Gnostizismus und dessen Symbolsprache. Lang hat von 1932 bis 1935 an der Universität Zürich mehrere Vorlesungen zu alten Sprachen besucht, obwohl er, nach eigenen Angaben, außer dem Deutschen keine andere Sprache vollkommen beherrscht habe.[25] 1944 erlitt Lang einen Schlaganfall, von dem er sich nicht mehr erholte und erlag schließlich am 3. Juni 1945 einer Hirnblutung, nachdem er im April desselben Jahres in eine psychiatrische Klinik, an der er viele Jahre zuvor als Mediziner gearbeitet hatte, gebracht worden war.

Abschließend lässt sich sagen, dass Josef Bernhard Lang für Hermann Hesse ein wichtiger Freund und Austauschpartner in Sachen Wissen war, dass er

---

[23] Ebd., S. 386.
[24] Ebd., S. 387.
[25] Vgl. Hesse, die dunkle und wilde Seite, S. 18, aus dem Vorwort von Herausgeber Thomas Feitknecht.

den Dichter in die Denkweisen von Psychoanalyse, Analytischer Psychologie und Traumdeutung, sowie in fremde Kulturen und Religionen einführte und dass er Hesse durch seine psychoanalytischen Therapiesitzungen dazu bewog, in Leben und literarischem Schaffen neue Wege zu gehen. Lang brachte Hesse dazu, sich in einem ersten Schritt mit sich selbst und seinem eigenen Seelenleben auseinanderzusetzen, was die Grundvoraussetzung für die Beschreitung neuer dichterischer Wege war. In diesem Punkt war Lang zu einem recht frühen Zeitpunkt der Bekanntschaft mit Hesse der Gebende und Hesse der Empfangende. Dieses Verhältnis kehrte sich einige Jahre später um, als Lang zunehmend in Schwierigkeiten geriet und seelisch immer instabiler wurde, so dass Hesse zu Langs Stütze wurde (er unterstützte ihn auch finanziell[26]) und ihm moralisch zur Seite stand. Lang weckte Hesses Interesse für die Schriften C. G. Jungs und Sigmund Freuds und ebnete den darin enthaltenen Gedanken und Theorien den Eingang in Hermann Hesses Romane und Erzählungen.

2.2 Hermann Hesse und Carl Gustav Jung

Der Psychoanalytiker Carl Gustav Jung beeinflusste Hermann Hesses Werk sehr stark, stärker noch als Sigmund Freud, auf den im folgenden Kapitel näher eingegangen wird. Insbesondere Hesses Roman „Demian", aber auch „Siddhartha" und „Der Steppenwolf", zeigen Jungsche Einflüsse durch

> die Einführung des Symbolbegriffes, des kollektiven Unbewußtseins, der Archetypen und [sc. durch] die Überzeugung, daß sich die Entwicklung des Menschen an Symbolen vollzieht.[27]

Wie sich Jungs Archetypen, kollektives Unbewusstes und sein Symbolbegriff im Einzelnen in den drei Romanen „Demian", „Siddhartha" und „der Steppenwolf" auswirken, wird an anderer Stelle erläutert.

Über den genauen Termin von Hesses erster persönlicher Begegnung mit C. G. Jung gibt es in der Hauptsache zwei Angaben, am wahrscheinlichsten ist der Herbst 1917, in dem Hermann Hesse von Jung in ein Berner Hotel zum Abendessen eingeladen wurde:

> Gestern Abend telefonierte mir Dr. Jung aus Zürich ... und lud mich ins Hotel zum Abendessen. Ich nahm an und war den Abend bis gegen elf mit ihm zusammen. Mein Urteil über ihn wechselte während diesem ersten Zusammensein

---

[26] Vgl. ebd., S. 411.

[27] Khera, Hermann Hesses Romane der Krisenzeit, S. 44. Astrid Kheras Buch geht auf Hesses Romane „Demian", „Siddhartha" und „Der Steppenwolf" ein und legt die Reaktion der Literaturkritiker auf diese Werke dar.

> mehrmals, sein starkes Selbstbewußtsein gefiel mir bald, bald stieß es mich ab, im Ganzen blieb aber ein sehr guter Eindruck.[28]

In der Anmerkung zu einem Brief Hermann Hesses an Georg Reinhart aus dem Jahr 1921 heißt es dagegen über den Termin des ersten Treffens mit Jung, dass „Kontakt zwischen Jung und Hesse spätestens seit dem 3.12.1919 [bestand]."[29] 1921 nahm Hermann Hesse mehrere psychoanalytische Sitzungen bei C. G. Jung persönlich wahr und äußert sich im Mai 1921 in einem Brief sehr positiv darüber:

> Die Psychoanalyse bei Jung hätte ich gern länger fortgesetzt, er ist, als Intellekt wie als Charakter, ein prachtvoller, lebendiger, genialer Mensch. Ich verdanke ihm viel und freue mich, daß ich eine Weile bei ihm sein konnte.[30]

Trotz dieser wohlwollenden Äußerung hatte Hesses Verhältnis zu C. G. Jung, ähnlich wie das zu Freud, eine „charakteristische[] Ambivalenz"[31], bei der Hesse, was C. G. Jung anbetraf, zwischen Sympathie und Ablehnung schwankte: „Mein Urteil über ihn [sc. Jung] wechselte während diesem ersten Zusammensein mehrmals, sein starkes Selbstbewußtsein gefiel mir bald, bald stieß es mich ab [...]"[32]. Es blieb zwischen Hesse und Jung jedoch bis zuletzt bei einem respektvollen und freundschaftlichen Umgang miteinander, der sich etwa darin zeigt, dass Hesse im Februar 1927 in Jungs „Psychoanalytischem Club" eine Passage aus dem „Steppenwolf" vorliest, nämlich die des *Magischen Theaters*[33], und darin, dass er Jung in einem Brief von 1926 von seiner Kritik gegenüber den Züricher Psychoanalytikern ausnimmt:

> Die Zürcher Psychoanalytiker stehen mir ferner, sie scheinen mir mit Ausnahme von Jung alle liebenswerte, aber flache, wohlangepaßte Erfolgsmenschen zu sein, durchdrungen von der Aufgabe, das Leben im bürgerlichen Sinn zu bejahen, und sich um seine Tragik zu drücken.[34]

An anderer Stelle schrieb Hermann Hesse rückblickend, dass ihm die Schriften über die Psychoanalyse mehr genützt hätten als die Analyse selbst, auch wenn er sich anfangs recht positiv über die therapeutischen Sitzungen bei Jung geäußert hatte: „Mir persönlich hat die Analyse nur genützt, und zwar die Lektüre einiger

---

[28] Michels, Materialien zu Hermann Hesses „Demian", S. 107, zitiert nach: Baumann, „Es geht bis aufs Blut und tut weh. Aber es fördert...", S. 42. Auch Beate Petra Kory nennt den Herbst 1917, genauer den 7. September 1917, als Datum des ersten Treffens Hermann Hesses mit Jung, vgl. Kory, Hesses Beziehung zur Tiefenpsychologie, S. 49.

[29] Hesse, Briefe, Bd. 1, S. 470, Anm. 1.

[30] Ebd., S. 473.

[31] Baumann, Hermann Hesse. Dichter und Weiser, S. 126.

[32] Michels, Materialien zu Hermann Hesses „Demian", S. 107, zitiert nach: Baumann, „Es geht bis aufs Blut und tut weh. Aber es fördert...", S. 42.

[33] Vgl. Hesse, Briefe, Bd. 2, S. 165, Anm. 2.

[34] Ebd., S. 143.

Bücher von Freud und von Jung mehr als die praktische Analyse."[35] Was den Mangel an Kunstverständnis anging aber, war auch Jung nicht von Hesses Kritik ausgenommen, denn diese bezog sich auf die Berufsgruppe der Psychoanalytiker allgemein:

> Ich las auch spätere Bücher von Jung, aber nur etwa bis 1922, da die Analyse mich später nicht mehr stark interessierte. Ich habe vor Jung stets Respekt gehabt, doch von seinen Schriften nicht so starke Eindrücke gehabt wie von denen Freuds. Daß ich, im Anschluß an einen Vorleseabend, den ich als Gast von Jungs Zürcher Klub gab, auch einige analytische Sitzungen bei Jung hatte, etwa 1921, wird er Ihnen geschrieben haben. Auch dort hatte ich von ihm einen schönen Eindruck, nur begann ich damals einzusehen, daß für die Analytiker ein echtes Verhältnis zur Kunst unerreichbar ist, es fehlt allen dafür das Organ.[36]

Hier zeigt sich erneut das zwiespältige Verhältnis Hermann Hesses zu C. G. Jung und den Psychoanalytikern an sich: einerseits Respekt und Schätzen der psychoanalytischen Arbeit, anderseits das relativ schnelle Nachlassen des Interesses an der Psychoanalyse und der Vorwurf des nicht vorhandenen „echte[n] Verhältnis[ses]" der Psychoanalytiker zur Kunst.

Umgekehrt zeigt sich C. G. Jung Hesse gegenüber sehr respektvoll und voller Anerkennung, was ein Brief Jungs aus dem Jahr 1919 erkennen lässt, in dem er Hesse für die Zusendung des „Demian" dankt und erzählt, dass er das Buch für die Clubbibliothek angeschafft habe. In jenem Brief entschuldigt sich der Psychoanalytiker auch dafür, dass er Hermann Hesses Pseudonym „Sinclair" enthüllt habe und stellt fest, dass der „Demian" eine deutliche Nähe zu seinen psychologischen Auffassungen zeige.[37] Jung vergleicht den „Demian" mit dem „Licht eines Leuchtturmes in einer Sturmnacht"[38] und nennt ihn „gesund an allen Gliedern"[39].

Hermann Hesse und Carl Gustav Jung haben beide, neben der, trotz Kritik insbesondere von Seiten Hesses, freundschaftlich-wohlwollenden Beziehung, auch eine bedeutende biographische Gemeinsamkeit: die Herkunft aus streng religiösem protestantischem Elternhaus. Hesse war der Sohn eines Missionars und Jung war Pfarrerssohn. Die strenge und unnachgiebige Erziehung dieser Elternhäuser wirkte sich nachhaltig auf das Schaffen und die Arbeit der beiden Männer aus: Carl Gustav Jung schrieb religionspsychologische Schriften wie „Psychologie und Religion" (1940), während Hermann Hesse die schwierigen und traumatischen Erfahrungen mit dem pietistischen Elternhaus in die meisten seiner Werke einfließen ließ. Günter Baumann schreibt über diese biographische Besonderheit Folgendes:

---

[35] Hesse, Briefe, Bd. 4, S. 320.
[36] Ebd., S. 57.
[37] Vgl. Jung, Briefe, Bd. 3, S. 385.
[38] Ebd.
[39] Ebd.

> Diese aus der moralistisch-religiösen Erziehung im protestantischen Elternhaus resultierenden moralischen Minderwertigkeitsgefühle bilden meines Erachtens die gemeinsame Basis der psychischen Entwicklung bei Hermann Hesse und C.G. Jung. Beide hätten in dieser geistig-seelischen Folterkammer durchaus auch zerbrechen können; charakteristisch ist jedoch, daß ihr Lebenswille und Behauptungsdrang groß genug waren, um diese zerstörerischen Impulse in eine Genieschmiede umzufunktionieren, so daß an ihrem Ende nicht Wahnsinn und Selbstmord, sondern eine hochproduktive geistige Verfassung steht, die man das „Deutsche Pfarrhaus-Syndrom" nennen könnte: Die Verbindung einer außerordentlichen Intelligenz und moralischen Reizbarkeit mit tiefen Schuld- und Minderwertigkeitsgefühlen.[40]

Aus dieser erzieherischen Prägung ergibt sich also bei beiden Männern eine große und fruchtbare Schaffenskraft, die, vor allem bei Hermann Hesse, auch einen therapeutischen Effekt hatte und über so manches seelische Tief hinweghalf.

Es bleibt festzuhalten, dass Hesse und Jung bis zuletzt durch ein freundliches Verhältnis miteinander verbunden waren, das aber, besonders von Hesses Seite aus, ambivalenter Art war. Der freundliche und respektvolle Umgang der beiden Männer wird durch eine Reihe von Briefen und Aufzeichnungen belegt, die auch den starken Eindruck, welchen die Analytische Psychologie Jungs auf Hesse und sein Schaffen gemacht hat, verdeutlichen. Der wohlwollende und fruchtbare Kontakt Hesses zu Jung erwies sich insbesondere bei der Arbeit des Autors an den drei, in dieser Arbeit behandelten, Romanen „Demian, „Siddhartha" und „Der Steppenwolf" als sehr gewinnbringend. Die Kritik Hesses gegenüber Jung und der Psychoanalyse bezogen sich im Wesentlichen auf das Unvermögen der Psychoanalytiker allgemein, ein eingehendes Kunstverständnis aufzubringen und den Dichter als eigenständigen und unabhängigen Künstler anzuerkennen, ohne ihn als ein neurotisches Fallbeispiel par excellence anzusehen, das seine verdrängten Triebe auf sublimierte Art und Weise in poetischer Form auslebt.

2.3 Hermann Hesse und Sigmund Freud

Anders als bei Josef Bernhard Lang und Carl Gustav Jung war Hesses Verhältnis zu Freud anderer Art, da der Autor den Psychoanalytiker nicht persönlich gekannt hat:

> Hermann Hesse gehört nicht zu den Schriftstellern und Dichtern, die wie Thomas Mann, Stefan Zweig, Arnold Zweig, Romain Rolland, Rainer Maria Rilke und viele andere, Freud persönlich gekannt und/oder mit ihm regelmäßig korrespondiert haben.[41]

---

[40] Baumann, „Es geht bis aufs Blut und tut weh. Aber es fördert…", S. 44f.
[41] Cremerius, Hermann Hesse und Sigmund Freud, S. 30.

Dennoch kannte Hermann Hesse die Schriften Sigmund Freuds sehr gut und befasste sich eingehend mit ihnen, wie seine Rezension aus dem Jahr 1920 über Freuds neu erschienenes Buch „Vorlesungen zur Einführung in die Psychoanalyse“ zeigt. Hesse äußert sich hier sehr lobend und geradezu begeistert über Freud und dessen Art zu schreiben:

> Es ist ein Genuß, die Folgerichtigkeit und Vorsicht zu beobachten, mit welcher Freud seine Wege sucht und seine Schlüsse zieht, die Sicherheit seiner Formulierung bei festen, nicht mehr zweifelhaften Funden und die Vorsicht und Bescheidenheit da, wo es sich um Vermutungen, um Tasten und Suchen handelt.[42]

In jener Rezension würdigt Hermann Hesse aber auch Freuds Pionierleistung auf dem Gebiet der Psychologie:

> Der Streit um die Analyse tobt noch immer, während sie sich in der Stille doch längst die Jugend erobert hat und die Zukunft ihr gehört. Die Psychologie als Wissenschaft ist damit begründet, und eine erste wichtige Einsicht in die Gesetze des seelischen Geschehens gewonnen, vor allem aber eine erstmalige, ernste Forschung auf diesem Gebiete begonnen, das bisher abseits der Wissenschaft gelegen war.[43]

Über das Buch Freuds, die „Vorlesungen zur Einführung in die Psychoanalyse“, selbst schreibt Hesse, dass sich in ihm „alle Vorzüge dieses Geistes [sc. Freuds Geist]“[44] wieder fänden, nämlich „seine Klarheit, seine Gabe zum geduldigen Kombinieren, seine präzise Ausdrucksfähigkeit, sein Witz“[45]. Des Weiteren hebt Hesse in der Rezension hervor, dass Freud „durchaus Mediziner und Physiker“[46] bleibe, „ohne damit eine Weltanschauung geben zu wollen“[47], anders als einige seiner Schüler, die versucht hätten, „die Psychoanalyse zu einer Art von Religion“[48] zu machen. Hesse beschließt seine Rezension mit der Feststellung, dass Sigmund Freud der „eigentliche[] Schöpfer[] dieser Wissenschaft“[49] sei.

Auch aus Hesses Briefen spricht tiefe Bewunderung für den Psychoanalytiker Sigmund Freud. In einem Brief an Freud von 1918 schreibt Hesse: „Die Dichter waren ja unbewußt immer Ihre Bundesgenossen, sie werden es immer mehr auch bewußt werden.“[50] Die von Hesse zu diesem Zeitpunkt geäußerte Verbindung von Psychoanalyse und Dichtertum differenziert er in seinem Aufsatz „Künstler und Psychoanalyse“, ebenfalls aus dem Jahr 1918. In diesem Aufsatz befasst sich Hermann Hesse mit dem Verhältnis der Psychoanalyse zur

---

[42] Hesse, Psychoanalytische Neuerscheinungen, in: Die Welt im Buch, S. 164.
[43] Ebd.
[44] Ebd.
[45] Ebd.
[46] Ebd., S. 165.
[47] Ebd.
[48] Ebd.
[49] Ebd.
[50] Hesse, Briefe, Bd. 1, S. 378.

Kunst und besonders zur Literatur. Hier zeigen sich die umfassende Beschäftigung Hesses mit Freud und dessen Werk und der große Einfluss, den die Freudsche Psychoanalyse auf Hesses dichterisches Schaffen ausgeübt hat.[51] Hesse schreibt in seinem Aufsatz, ähnlich wie in seinem Brief an Freud von 1918, über die enge Relation von Kunst und Dichtung zur Psychoanalyse Folgendes:

> [...] seit vollends die analytische Psychologie sich unmittelbar auch dem Volksmythos, der Sage und der Dichtung zuwandte, besteht zwischen Kunst und Psychoanalyse eine nahe und fruchtbare Berührung.[52]

Trotz der engen Beziehung von Psychoanalyse und Dichtung unterscheidet Hesse diese beiden Betätigungsfelder strikt voneinander, indem er die Dichtung als ein intuitives Erfassen seelischer Vorgänge und Zustände beschreibt, während die Psychoanalyse rational und wissenschaftlich an die menschliche Seele herangehe:

> [...] ja der Dichter erwies sich als Vertreter einer besonderen Art des Denkens, die eigentlich der analytisch-psychologischen durchaus zuwiderlief. Er war der Träumer, der Analytiker war der Deuter seiner Träume. [...] Das dichterische Erfassen seelischer Vorgänge blieb nach wie vor eine Sache des intuitiven, nicht des analytischen Talents.[53]

Durch jene intuitive Herangehensweise ist der Dichter dem Psychoanalytiker stets einige Zeit voraus gewesen, da „das, was die Analyse erkannt und wissenschaftlich formuliert hatte, von den Dichtern stets gewußt worden [war]"[54]. Hesse schreibt ferner, dass dem Künstler aus der Psychoanalyse „die tiefe Bestätigung vom Wert der Phantasie, der Fiktion"[55] erwüchse, was darauf hindeutet, dass der Künstler und Dichter dem Analytiker auch in diesem Punkt bereits voraus war, und dass die Psychoanalyse lediglich die Bestätigung und im gewissen Sinne die ‚Legitimation' seiner Ahnungen ist.

Durch die Erläuterung des dichterisch-intuitiven Zugangs zur Seele und der damit einhergehenden Abgrenzung dieses vom rational-nüchternen der Psychoanalyse, stellt Hesse den Künstler als fortschrittlich und der Psychoanalyse um einige Zeit voraus dar. Mittels dieser Unterscheidung stellt Hermann Hesse den Dichter und dessen Kreativität über die wissenschaftlich-experimentelle Arbeit des Psychoanalytikers, die lediglich die Intuition des Dichters mit Zahlen und Fakten untermauert.[56] In Hesses Aufsatz „Künstler und Psychoanalyse" zeigt sich bereits die erste Kritik des Schriftstellers an Freud und seiner Psy-

---

[51] Vgl. Khera, Hermann Hesses Romane der Krisenzeit, S. 37.
[52] Hesse, Künstler und Psychoanalyse, in: Betrachtungen und Berichte, S. 351.
[53] Ebd., S. 353.
[54] Ebd.
[55] Ebd., S. 353f.
[56] Vgl. dazu: Wolff, Hermann Hesse, S. 25: „[...] er fand [...] das ausgesprochen, was ihn selbst bewegte." Auch bei Wolff zeigt sich, dass Hesse in der Psychoanalyse seine eigenen

choanalyse. Hesses Verhältnis zum Psychoanalytiker Freud und dessen Schriften war, ähnlich dem zu Carl Gustav Jung, bis zuletzt recht zwiespältig: einerseits Respekt und regelrechte Hochachtung, andererseits kritisch-distanziert, wie aus weiteren Briefen des Autors hervorgeht. 1928 schreibt Hesse:

> Ich habe unter einigen Dutzend Psychoanalytikern, die ich kennenlernte, keinen einzigen gefunden, der z.B. fähig wäre, das Positive und Wertvolle an mir, oder sagen wir etwa an einem Dichter wie Rilke, zu sehen, wenn es sich nicht in Form von öffentlicher Anerkennung ausdrückte![57]

Der Dichter begründet dies im selben Brief wie folgt: „[...] denn die absolut bürgerlich-moderne, flache Einstellung der Psychoanalyse (Freud nicht ausgenommen) erlaubt ihr das Erkennen und Bewerten des Schöpferischen nicht."[58] Hesse zieht jetzt einen scharfen Strich zwischen Psychoanalyse und Künstlertum und sieht keine Möglichkeit einer Verständigung zwischen diesen beiden Bereichen, die sich für ihn gegenseitig auszuschließen scheinen, da keiner für den anderen das nötige Verständnis aufbringt. Ein Jahr darauf formuliert Hesse in einem Brief an Georg Reinhart seine Kritik an Freud wesentlich drastischer:

> Mir liegt nichts an Freud, ich habe sehr viel gegen ihn und halte die ganze Analyse für einen zwar großartigen, aber zweifelhaften Versuch. Ich will keineswegs Freud in Schutz nehmen.[59]

Seine herbe Kritik schränkt Hesse jedoch schon im nächsten Satz wieder ein, indem er über Walter Huecks Buch „Die Welt als Polarität" schreibt:

> Aber die Art, wie Hueck ihn [sc. Freud] wohlwollend beurteilt, in seiner Darstellung alles Wesentliche in seiner Lehre verdreht und weglügt und doch in seinem ganzen Buch von Freuds Geist zehrt, ist einfach unerlaubt.[60]

Diese Textstelle zeigt noch einmal in aller Deutlichkeit die Ambivalenz des Hesse-Freud-Verhältnisses, das zwischen Respekt und Distanz schwankte.

Entgegen aller Zwiespältigkeit und Kritik in seiner Beziehung zu Freud, blieb der Autor Hermann Hesse dem Psychoanalytiker Sigmund Freud zeitlebens verbunden: 1931 etwa musste Hesse eine Einladung Freuds zu dessen Geburtstag aufgrund gesundheitlicher Probleme absagen und er war 1936 unter den Gratulanten anlässlich Freuds 80. Geburtstag.[61] Im Frühjahr 1950 schreibt Hesse rückblickend an Emanuel Maier, Jung mit Freud vergleichend: „Ich habe vor

---

Gedanken und Gefühle geordnet und rational formuliert fand. Uwe Wolff sieht auch einen Zusammenhang von Psychoanalyse und Mythos.

[57] Hesse, Briefe, Bd. 2, S. 195f.

[58] Ebd., S. 196.

[59] Ebd., S. 218.

[60] Ebd.

[61] Vgl. Cremerius, Hermann Hesse und Sigmund Freud, S. 34f.

Jung stets Respekt gehabt, doch von seinen Schriften nicht so starke Eindrücke gehabt wie von denen Freuds."[62] Hier herrscht also wieder Hesses Respekt für Freuds schriftstellerisches Können vor, all seine Kritik an ihm dabei außer Acht lassend.

Bis in seine letzten Lebensjahre hinein blieb Hesses Respekt vor Freuds Arbeit also bestehen und die Kritik des Dichters bezog sich im Wesentlichen auf das nicht vorhandene Kunstverständnis der Psychoanalyse, die im Künstler nichts weiter als einen „ziemlich hoffnungslosen Neurotiker"[63] sehe. Außerdem stellt Hesse in seinen Aufsätzen und Rezensionen die unterschiedlichen Arbeitsweisen von Dichter und Psychoanalytiker heraus: Der eine erfasst die Welt und die menschliche Seele intuitiv und gefühlsorientiert, während der andere experimentell und rational vorgeht. Dennoch war, laut Hesse, der intuitive Dichter dem Psychoanalytiker gegenüber stets voraus, weil er die Dinge, welche die Psychoanalyse dezidiert untersucht und der Öffentlichkeit zugänglich gemacht hat, immer schon geahnt und ‚gewusst' hat. Hermann Hesses Verhältnis zu Sigmund Freud war sowohl von Respekt und Anerkennung als auch von Kühle und Distanz geprägt, auch wenn in den späten Briefen Hesses die freundschaftliche und dankbare Verbundenheit Freud gegenüber zu erkennen ist.

---

[62] Hesse, Briefe, Bd. 4, S. 57.
[63] Ebd., S. 196.

3. Die Bedeutung der Religion für Hermann Hesse und die Psychoanalyse

Das folgende Kapitel wird sich mit Hermann Hesses, C. G. Jungs und Sigmund Freuds Verhältnis zu Religion und Glauben befassen und versuchen, die Verbindung von Religion und Psyche herauszuarbeiten. In Hermann Hesses drei Romanen „Demian", „Siddhartha" und „Der Steppenwolf", die in der vorliegenden Arbeit behandelt werden, zeigen sich sehr häufig religiöse Symbole und Motive (z.B. das Kains- oder Abraxasmotiv), die eng mit dem Unbewussten verknüpft sind. In Bezug auf Hermann Hesse wird es in diesem Kapitel sowohl um seine Beziehung zum Religiösen allgemein, als auch konkret um die Bedeutung christlicher und fernöstlicher Glaubenslehren Indiens und Chinas für sein Leben und Werk gehen.

Auch Sigmund Freud und C. G. Jung haben sich intensiv mit Religion und Glauben beschäftigt, was sich in Schriften wie „Der Mann Moses und die monotheistische Religion" (von Freud aus dem Jahr 1939) oder „Psychologie und Religion" (von Jung aus dem Jahr 1940) niederschlug. Diese beiden Abhandlungen sollen – neben einiger anderer Literatur – im Zentrum meiner Untersuchung stehen, um die Sichtweise der Psychoanalyse und der Analytischen Psychologie auf die Religion darzulegen.

3.1 Hermann Hesse und die Religion

Religion war für Hermann Hesse zeitlebens von großer Bedeutung, was seinen Ursprung in der Herkunft des Autors aus einer streng protestantisch-pietistischen Familie hatte. Hesse schreibt in „Mein Glaube" aus dem Jahre 1931 über seine frühen, nicht unbedingt positiven Erfahrungen mit dem Christentum seines Elternhauses:

> Dagegen lernte ich das Christentum in einer einmaligen, starren, in mein Leben einschneidenden Form kennen in einer schwachen und vergänglichen Form, die schon heute überlebt und beinahe verschwunden ist. Ich lernte es kennen als pietistisch gefärbten Protestantismus, und das Erlebnis war tief und stark; denn das Leben meiner Voreltern und Eltern war ganz und gar vom Reich Gottes her bestimmt und stand in dessen Dienst.[64]

Dieses Zitat weist bereits auf Hesses ungute Erinnerungen an die christlich-protestantische Erziehung hin, die für den Autor die „Doppelgesichtigkeit der Religionen"[65] offensichtlich werden ließ: Man war stets zwischen Schuldgefühl und Heilsfindung hin- und hergerissen. Das Schuldgefühl war in der pietistischen Hesse-Familie ein wichtiger Bestandteil des christlichen Glaubens:

[64] Hesse, Mein Glaube, in: Autobiographische Schriften, S. 131.
[65] Gellner, Zwischen Ehrfurcht und Revolte, S. 304.

> Um ein guter Christ zu sein, mußte man ein schlechtes Gewissen haben. Man mußte sich schuldig fühlen, um sich seiner Erlösung zu freuen. Ja, man konnte die ersehnte Liebe Gottes nur finden, wenn man sich selber haßte, groß nur werden, wenn man sich klein machte, Güte nur finden, wenn man sich selbst verurteilte.[66]

Für Hesse war das in seiner Familie gelebte Christentum ein Symbol für Enge und Unfreiheit und bot „keinerlei religiöse Erlebnisse“[67], obwohl Hesse ihm zugleich „eine beherrschende Rolle“[68] in seinem Leben zugesteht. In diesem Zusammenhang bekennt der Dichter, dass er nie ohne Religion gelebt habe und keinen Tag ohne sie leben könne, was er jedoch ganz klar von der Institution der Kirche trennt, ohne die er sein Leben lang ausgekommen sei.[69] Auf institutionellem Gebiet wirft Hesse der protestantischen Kirche „die Unfähigkeit [...] zu einer überkonfessionellen Einheit“[70] vor und liebäugelt mit dem Katholizismus:

> In früheren Jahren blickte ich bei solchen Gedanken mit einiger Verehrung und einigem Neid zur römisch-katholischen Kirche hinüber, und meine Protestantensehnsucht nach fester Form, nach Tradition, nach Sichtbarwerdung des Geistes hilft mir auch heute noch, meine Verehrung für dies größte kulturelle Gebilde des Abendlandes aufrechtzuerhalten. Aber auch diese bewundernswerte katholische Kirche ist mir nur in der Distanz so verehrungswürdig, und sobald ich ihr nähertrete, riecht sie wie jede menschliche Gestaltung sehr nach Blut und Gewalt, nach Politik und Gemeinheit.[71]

Auch an der römisch-katholischen Kirche kritisiert Hesse deren Nähe zu Gewaltaktionen, Politik und Verderben, was auch diese christliche Institution in des Autors Augen unlauter erscheinen lässt. Es zeigt sich, dass im Falle Hermann Hesses eine deutliche Ablehnung der kirchlichen Institution keinesfalls mit der Ablehnung des Glaubens und der Religion *an sich* einherging. Sein jugendliches Aufbegehren richtete sich gegen die Art der unterwürfigen Lebensform seines pietistischen Elternhauses, nicht jedoch gegen Religiosität allgemein:

> Religions-, Christentums- und Kirchenkritik bedeuteten für ihn [sc. Hermann Hesse] nicht Ablehnung von Religion und Christentum überhaupt! Hatte Hesse auch schon früh gegen die streng moralisierende Erziehung seines frommen Elternhauses revoltiert und sich vom devoten Gottesglauben seiner Verwandten losgesagt, so blieb er dennoch zeitlebens auf der Suche nach religiösen Alternativen, auf der Suche nach einer ihm gemäßen Form von Religion.[72]

---

[66] Ebd., S. 302.
[67] Hesse, Mein Glaube, in: Autobiographische Schriften, S. 132.
[68] Ebd., S. 133.
[69] Vgl. ebd.
[70] Ebd.
[71] Ebd.
[72] Gellner, Zwischen Ehrfurcht und Revolte, S. 303.

„Religiöse[] Alternativen“ boten sich Hermann Hesse in den indischen und anderen fernöstlichen Glaubenslehren und Philosophien, was dem Autor ebenfalls in die Wiege gelegt worden war, da

> schon in Vater, Mutter und Großvater nicht bloß eine reiche und ziemlich gründliche Kenntnis indischer Glaubensformen vorhanden [war], sondern auch eine nur halb eingestandene Sympathie für diese indischen Formen.[73]

Die indische Glaubenswelt grenzt Hesse wie folgt vom Christentum ab:

> Im Vergleich nun mit diesem so eng eingeklemmten Christentum, mit diesen etwas süßlichen Versen, diesen meist so langweiligen Pfarrern und Predigten, war freilich die Welt der indischen Religion und Dichtung weit verlockender. Hier bedrängte mich keine Nähe, hier roch es weder nach nüchternen graugestrichenen Kanzeln noch nach pietistischen Bibelstunden, meine Phantasie hatte Raum, ich konnte die ersten Botschaften, die mich aus der indischen Welt erreichten, ohne Widerstände in mich einlassen, und sie haben lebenslang nachgewirkt.[74]

In diesem Kontext ist auf Hermann Hesses Roman „Siddhartha“ hinzuweisen, der einerseits eine bedeutende literarische Hommage an die indische Religionswelt und Kultur ist, darüber hinaus aber das zu ergründen versucht,

> was allen Konfessionen und allen menschlichen Formen der Frömmigkeit gemeinsam ist, was über allen nationalen Verschiedenheiten steht, was von jeder Rasse und von jedem Einzelnen geglaubt und verehrt werden kann.[75]

Das, was den Roman „Siddhartha“ also primär ausmacht, ist seine Eigenschaft, dass sich „Menschen aller Kulturen darin widergespiegelt finden können.“[76] Für Hesse hatte Religion eher eine mystische Bedeutung; Dogma und wissenschaftlich-rationale Erkenntnis lehnte er in diesem Bereich weitgehend ab. Der „Siddhartha“ stelle die Liebe obenan und mache „das Erlebnis der Einheit“[77] zum Mittelpunkt, was Hesse in „Mein Glaube“ christlich-protestantischen Einflüssen zuschreibt.[78] Nicht nur im „Siddhartha“ stellt Hesse „Indien als ein Land der tiefen Religiosität und Weisheit“[79] und als „ein geistiges Land“[80] dar. Indien und seine Glaubenswelt spielten für Hermann Hesse zeitlebens eine große Rolle und standen gleichrangig neben dem Christentum, das entgegen aller Ablehnung von Seiten des Autors seine Bedeutung niemals ganz eingebüßt hat.

---

[73] Hesse, Mein Glaube, in: Autobiographische Schriften, S. 131.
[74] Ebd., S. 132.
[75] Hesse, Zu „Siddhartha“, in: Autobiographische Schriften, S. 213.
[76] Hsia, Hesse und (das nicht so ferne) Asien, S. 29.
[77] Hesse, Mein Glaube, in: Autobiographische Schriften, S. 132.
[78] Vgl. ebd.
[79] Findeis, Hesses Indienbild, S. 45.
[80] Ebd.

In späteren Jahren gewann für Hesse auch die chinesische Welt mit ihren Glaubens- und Kulturformen, namentlich denen des Kung Fu Tse und des Lao Tse, zunehmend an Bedeutung. Auch in diesem Zusammenhang spielt erneut der mystische Aspekt eine wichtige Rolle, etwa wenn Hesse von der „verborgene[n] Weisheit des Lao Tse mit ihrer mystischen Dynamik“[81] spricht. Durch seine Beschäftigung mit den Kulturen Indiens und Chinas – und diese insbesondere während seiner Indienreise[82] im Jahr 1911 – wird in Hermann Hesse die Erkenntnis wach, dass

> der Mangel an Religiosität [...] in Europa dazu geführt hat, daß die Vernunft durch den Verstand bzw. Intellekt ersetzt wird, was zum Utilitarismus führt. Dadurch wird die Technik Selbstzweck, was potenziell zur Katastrophe hinleitet.[83]

Gemeint ist der Erste Weltkrieg von 1914 bis 1918, in dem Europa in ärgste Bedrängnis und in ein bis dato unbekanntes Ausmaß von Leid, Tod und Chaos hineingerät, das seine Überlegenheit anderen, ärmeren, Ländern gegenüber stark relativiert. Aus der Relativierung der Überlegenheit der westlichen Kultur durch große Krisen wie den Ersten Weltkrieg erwuchs im Lauf der Jahre bei Hermann Hesse die unumstößliche Überzeugung, dass alle Religionen und Kulturen gleichrangig sind: „Sie finden an andern Orten, z.B. im Brief an Schwester Luise, einen meiner Grundgedanken ausgesprochen, den von der Gleichwertigkeit der Religionen und Kulte.“[84] Dies schrieb Hesse 1951. Er selbst sah sich bereits einige Zeit zuvor, nämlich 1933, als keiner bestimmten und einzigen Konfession zugehörig an:

> Meine lebenslängliche Opposition ist nicht die zu Gunsten eines realen Zieles, sondern die des Religiösen, der grundsätzlich und immer zur ‚Welt‘ im Gegensatz steht, und dem jede Partei, jedes Wirkenwollen auf andere gleich verdächtig ist. Ich stehe damit ziemlich allein, da meine ‚Religion‘ keine konfessionelle Färbung hat, sie ist im Lauf meines Lebens aus indischen, chinesischen, christlichen und jüdischen Quellen langsam zusammen geronnen [!] und bis heute einer verantwortlichen Formulierung nicht fähig.[85]

Hesse ging es in seiner Gläubigkeit darum, ein Gemeinsames in allen Religionen, Philosophien und Kulturen herauszufiltern und dieses, etwa im Roman „Siddhartha“, bildhaft darzustellen.

---

[81] Hesse, Mein Glaube, in: Autobiographische Schriften, S. 133.

[82] Hesses sog. ‘Indienreise’ führte ihn tatsächlich zu der Insel Sumatra in Hinterindien, damals, 1911, auch ‘holländisch-Indien’ genannt. Den Subkontinent Indien, sowie auch China, hat Hesse auf dieser Reise nicht besucht. Vgl. Hsia, Hesse und (das nicht so ferne) Asien, S. 20.

[83] Hsia, Hesse und (das nicht so ferne) Asien, S. 29.

[84] Hesse, Briefe, Bd. 4, S. 134.

[85] Hesse, Briefe, Bd. 2, S. 387.

In diese Suche nach einem Gemeinsamen spielt auch ein psychologischer Aspekt hinein: die Suche nach dem Ich, das Hesse folgendermaßen charakterisiert:

> Das Ich, das der Suchende meint, und mit dem sich die ganze außereuropäische Gedankenwelt, mit Ausnahme der europäischen Wissenschaft, seit drei Jahrtausenden beschäftigt, dies ‚Ich' ist nicht der einzelne Mensch, wie er sich fühlt und vorkommt, sondern es ist der innerste, wesentliche Kern jeder Seele, den der Inder ‚Atman' nennt und der göttlich und ewig ist. Wer dies Ich findet, sei es auf dem Wege Buddhas oder der Veden oder des Lao Tse oder Christi, der ist in seinem Innersten verbunden mit dem All, mit Gott, und handelt aus einem Einverständnis mit ihm heraus.[86]

Hesse sieht in Religionen wie Christentum, Taoismus, Buddhismus oder Hinduismus Wege zum Ich, das den Einzelnen und dessen Seele mit der All-Einheit und damit mit Gott verbindet. Auch hierin zeigt sich erneut Hesses Ablehnung der Bevorzugung einer bestimmten Religion, welche der Gleichrangigkeit aller Religionen der Welt weichen soll. Schließlich kann jede Religion zum Ich führen und damit auch zu Gott. Damit wird aus der ursprünglich als eng und unflexibel empfundenen pietistisch-protestantischen Frömmigkeit eine Art von Religiosität, die ein für den Einzelnen erreichbares Seelenheil in Aussicht stellt:

> Religion also nicht als Zwangsjacke, Fremdbestimmung und seelische Verkrüppelung, Religion vielmehr verstanden als angstfreies Vertrauen, als Quelle der seelischen Gesundheit, von Ichstärke und innerem Gleichgewicht, persönlicher Reifung, innerem Wachstum und der Liebesfähigkeit [...].[87]

Damit erhält die Religiosität bei Hesse, neben der Psychoanalyse, auch eine psychotherapeutische Funktion: Religion als Mittel zur Erweiterung des eigenen Horizonts (die *wertfreie* und später interessierte Betrachtung anderer, außereuropäischer, Kulturen und Glaubensformen) und als Weg zur „Selbst-, Ganz- und Menschwerdung"[88]. Religion ermöglicht auf diese Weise ‚über den eigenen Tellerrand' hinauszuschauen und verschafft die Möglichkeit, eine innere Ganzwerdung zu erfahren. Die wichtigste Erkenntnis, die allen Religionen gemeinsam ist, ist diejenige, dass das gesuchte Ich „bei allen Menschen gleich"[89] ist, was bedeutet, dass allen Menschen etwas gemeinsam ist und jeder ein Teil des anderen ist: „Er [sc. der Brahmane] weiß, daß er keinem andern Wesen schaden kann, ohne sich selbst zu schaden, und daß Egoismus keinen Sinn hat."[90] Daraus ergibt sich auch das „rechte[] Verhältnis[] zu den Andern"[91], denn wer sein Ich erst einmal gefunden hat, der hat auch das Ich der anderen Menschen gefunden

[86] Hesse, Briefe, Bd. 1, S. 445.
[87] Gellner, Zwischen Ehrfurcht und Revolte, S. 308.
[88] Ebd., S. 309.
[89] Hesse, Briefe, Bd. 1, S. 445.
[90] Ebd.
[91] Ebd.

und wird damit zu einem Teil von diesen und regnet, bildlich-mythologisch gesprochen, als einzelner Wassertropfen in den unendlich weiten Ozean hinab. Aber auch umgekehrt sind die anderen Menschen ein Teil des Einzelnen, was eine feste und unauslöschbare Verbindung der Menschen untereinander herstellen kann, die statt auf Egoismus auf dem Gedanken der All-Einheit basiert und damit von Frieden und Gewaltlosigkeit geprägt wäre.

Im Sinne Hermann Hesses stellen Religion und Glaube Wege für den Menschen dar, um zu seelischer Harmonie und Ganzheit zu gelangen und sie können zu einem friedvolleren Miteinander der Menschen beitragen. Damit erfüllt die Religion den Zweck der Ichfindung und damit der Hinführung zu Gott. Diese Erkenntnis und Sichtweise wurde durch Hermann Hesses intensive Beschäftigung mit dem Christentum, Buddhismus, Taoismus, Konfuzianismus und Gnostizismus gespeist. Die umfassende Auseinandersetzung des Autors mit so vielen verschiedenen Religionen, Philosophien und darauf gründenden Kulturen schlug sich auch in seinem dichterischen Schaffen nieder, wie die Textanalyse der drei Romane „Demian“, „Siddhartha“ und „Der Steppenwolf“ zeigen wird.

3.2 Carl Gustav Jung und die Religion

Carl Gustav Jung entstammte – ähnlich wie Hermann Hesse – einem protestantischen Elternhaus: Sein Vater war Pfarrer.[92] Im Vater, Johann Paul Achilles Jung, „fand sich jene Gegensätzlichkeit von Wissenschafts- und Offenbarungsglauben, die für die theologische Situation seiner Zeit das Problem schlechthin bedeutete“[93], denn bevor er als Pfarrer arbeitete, hatte Jungs Vater Orientalistik studiert und im akademischen Bereich gewirkt.

Das Gebiet der Religion und Religiosität spielte somit auch in C. G. Jungs Leben von Beginn an eine große Rolle, was zeitlebens, wenn auch in abgeänderter Form, so bleiben sollte. C. G. Jung wurde, wie auch Hesse, streng religiös erzogen, was ihn „negativ bestimmt“[94] hat und was er „mit vielen ‚geistigen Größen' des 19. Jahrhunderts teilt.“[95] Diese „negative Bestimmung“ durch den Protestantismus zeigte sich in Jungs Abhandlungen darin, dass er den protestantischen Glauben kritischer als den Katholizismus betrachtet. Er schreibt in „Psychologie und Religion“ darüber:

> Der Protestantismus hat in der Hauptsache all die feineren Schattierungen des traditionellen Christentums verloren: die Messe, die Beichte, den größeren Teil der Liturgie und die stellvertretende Bedeutung des Priestertums.[96]

[92] Vgl. Baumann, „Es geht bis aufs Blut und tut weh. Aber es fördert…“, S. 44.
[93] Bach, „Heilung und Heil, Heilung und Erlösung“, S. 486.
[94] Ebd., S. 482.
[95] Ebd.
[96] Jung, Zur Psychologie westlicher und östlicher Religion, S. 22. Dieser Band enthält auch die Abhandlung „Psychologie und Religion“ auf S. 1–117.

Dem Katholizismus und seinen Vertretern attestiert Jung hingegen psychologisches Können: „Der katholische geistliche Ratgeber hat öfters mehr psychologisches Geschick und etwa auch tiefere Einsicht.“[97]

C. G. Jung bemerkt des Weiteren, dass im Christentum auch „etwas anderes an die Stelle der inneren religiösen Erfahrung“[98] treten könne, nämlich der Glaube: „*‚Glaube' kann Ersatz für mangelnde Erfahrung sein.* [Hervorh. i. Orig.]“[99] Für C. G. Jung ist an der Religiosität die bereits erwähnte religiöse Erfahrung das Wichtigste, die er bei ‚Konfessionen' vermisst:

> Was man gewöhnlich und im allgemeinen ‚Religion' nennt, ist zu einem so erstaunlichen Grade ein Ersatz, daß ich mich ernsthaft frage, ob diese Art von Religion, die ich lieber als Konfession bezeichnen möchte, nicht eine wichtige Funktion in der menschlichen Gesellschaft habe. Sie hat den offensichtlichen Zweck, *unmittelbare Erfahrung* [Hervorh. i. Orig.] zu ersetzen durch eine Auswahl passender Symbole, die in ein fest organisiertes Dogma und Ritual eingekleidet sind.[100]

Dies äußert Jung jedoch nicht speziell über den christlich-protestantischen Glauben, sondern über die Religion bzw. Konfession an sich. Dies stellt Jung an anderer Stelle wie folgt klar:

> Ich möchte deutlich machen, daß ich mit dem Ausdruck ‚Religion' nicht ein Glaubensbekenntnis meine. Es ist indessen richtig, daß jede Konfession sich einerseits ursprünglich auf die Erfahrung des Numinosum[101] gründet, andererseits aber auf ‚pistis', auf Treue (Loyalität), Glauben und Vertrauen gegenüber einer bestimmten Erfahrung von numinoser Wirkung und der daraus folgenden Bewußtseinsveränderung; die Bekehrung des Paulus ist ein schlagendes Beispiel dafür. Man könnte also sagen, der Ausdruck ‚Religion' bezeichne die besondere Einstellung eines Bewußtseins, welches durch die Erfahrung des Numinosum verändert worden ist.[102]

In der hier angeklungenen Definition von Religion grenzt Jung diese sehr deutlich von der *Konfession* ab, die er folgendermaßen charakterisiert:

> Konfessionen sind kodifizierte und dogmatisierte Formen ursprünglicher religiöser Erfahrungen. Die Inhalte der Erfahrung sind geheiligt und in der Regel starr geworden in einem unbeugsamen, oft komplizierten Gedankengebäude. Die Aus-

---

[97] Ebd., S. 47.

[98] Zacharias, Psyche und Mysterium, S. 2.

[99] Jung, Psychologie und Alchemie, S. 47.

[100] Jung, Zur Psychologie westlicher und östlicher Religion, S. 46.

[101] Jung definiert *Numinosum* als „entweder die Eigenschaft eines sichtbaren Objektes oder de[n] Einfluß einer unsichtbaren Gegenwart, welche eine besondere Veränderung des Bewusstseins verursacht.“ (Jung, Zur Psychologie westlicher und östlicher Religion, S. 3)

[102] Ebd., S. 5.

übung und Wiederbezeugung der ursprünglichen Erfahrung sind zum Ritus und zu einer unveränderlichen Institution geworden.[103]

Jung löst sich in seinen Ausführungen also vom Protestantismus als konkreter Glaubensrichtung, auch indem er darauf hinweist, dass er niemals seinen Glauben predige.[104] Dennoch kommt Jung in seiner Abhandlung „Psychologie und Religion" stets auf den Glauben seines Elternhauses zurück. So auch hier:

Seit jenen Tagen ist der Protestantismus ein Treibbeet für Schismen geworden und gleichzeitig für eine rasche Entwicklung von Wissenschaft und Technik, welche das menschliche Bewußtsein dermaßen anzogen, daß es die unberechenbaren Mächte des Unbewußten vergaß.[105]

Der Psychologe Jung macht demnach der protestantischen Glaubensrichtung den Vorwurf, „die unberechenbaren Mächte des Unbewußten" zu ignorieren, da sie bewussten Vorgängen, wie sie in Wissenschaft und Technik von Bedeutung sind, den Vorrang einräume. Damit kritisiert er am Protestantismus indirekt den Mangel an Aufmerksamkeit für psychische Belange, die für C. G. Jung auch, und besonders, im Zusammenhang mit der Religion von großer Wichtigkeit sind. Jung hatte jedoch nicht nur kritische und bemängelnde Äußerungen für das protestantische Christentum übrig. Er sah auch, dass der Protestant die Chance habe, „sich die Sünde bis zu einem Grade bewußt zu machen, der für die katholische Mentalität kaum erreichbar ist, da Beichte und Absolution immer bereit sind, allzu viel Spannung auszugleichen."[106] Darüber hinaus räumt Jung dem protestantischen Glauben die Möglichkeit zur unmittelbaren religiösen Erfahrung ein, wenn

ein Protestant den vollständigen Verlust seiner Kirche überlebt und doch noch Protestant bleibt, d.h. ein Mensch, der Gott gegenüber schutzlos ist und nicht mehr geschirmt durch Mauern oder durch Gemeinschaften.[107]

Jung gesteht der Religion, und hier insbesondere dem Christentum, auch eine psychische Schutzfunktion zu, die aber in den modernen Zeiten unterzugehen scheint: Der moderne Mensch habe den Schutz kirchlicher Mauern weitgehend verloren und sich aufgrund dessen der Zone des weltzerstörenden und weltschaffenden Feuers genähert; das Leben sei schneller und intensiver geworden und die Welt sei von Ruhelosigkeit und Furcht erschüttert, bemerkt Jung in „Psychologie und Religion".[108] Damit zeigt sich, dass die Religion bei Jung „nicht mehr

---

[103] Ebd.
[104] Vgl. ebd., S. 47.
[105] Ebd., S. 50.
[106] Ebd., S. 52
[107] Ebd., S. 53.
[108] Vgl. ebd., S. 51.

als ausschließlich neurotisches Phänomen hingestellt wird“[109] und einen „heilsamen Einfluß“[110] zugebilligt bekommt.

Jung selbst sah sich immer als Empiriker[111] und faktenorientierten Menschen, worauf auch Herbert Unterste in seinem Buch „Theologische Aspekte der Tiefenpsychologie von C. G. Jung“ hinweist[112]. Diese empirische Haltung Jungs kommt in seinen Ausführungen über die Psychologie zur Geltung:

> Ich bin mir bewußt, daß die meisten Menschen glauben, alles zu wissen, was man über Psychologie wissen kann, denn sie meinen, Psychologie sei nichts anderes, als was sie von sich selbst wissen. Psychologie ist aber beträchtlich mehr. Während sie wenig mit Philosophie zu tun hat, ist sie sehr viel mehr mit empirischen Tatsachen beschäftigt, von welchen ein gut Teil für die Durchschnittserfahrung schwer zugänglich ist.[113]

Auch in „Psychologie und Alchemie“ verteidigt Jung die Psychologie und seine Auffassung, dass ein religiöses Erlebnis auch ein psychischer Vorgang sei:

> Von Psychologie wird im ‚Nur‘-Ton gesprochen. Die Auffassung, daß es psychische Faktoren gebe, welche göttlichen Figuren entsprechen, gilt als Entwertung dieser. Es streift an Blasphemie, zu denken, daß ein religiöses Erlebnis ein psychischer Vorgang sei; denn es ist – argumentiert man – ‚nicht nur psychologisch‘.[114]

Damit wehrt sich der Empiriker Jung gegen die abwertende Haltung von theologischer Seite der Psychologie gegenüber. In diesem Kontext weist der Schweizer Psychoanalytiker auch auf seinen phänomenologischen Standpunkt hin, der bestimmte religiöse Ideen nicht beurteilen, sondern als Tatsachen und Fakten behandeln möchte:

> Dieser Standpunkt ist ausschließlich phänomenologisch; das will sagen, er beschäftigt sich mit Vorkommnissen, Ereignissen, Erfahrungen – kurz gesagt, mit Tatsachen. Seine Wahrheit ist ein Tatbestand, kein Urteil. Wenn die Psychologie z.B. von dem Motiv der jungfräulichen Geburt spricht, so beschäftigt sie sich nur mit der Tatsache, daß es eine solche Idee gibt, aber sie beschäftigt sich nicht mit

---

109 Hostie, C. G. Jung und die Religion, S. 143.

110 Ebd.

111 Vgl. dazu: Jung, Zur Psychologie westlicher und östlicher Religion, S. 658. Im Anhang ist Jungs „Antwort auf Martin Buber“ zu finden, in der er auf einen Artikel des *British Medical Journal* hinweist, der ihn, Jung, wie folgt charakterisiert: „Facts first and theories later ist the keynote of Jung's work. He is an empiricist first and last.“ Jung stimmt dieser Beurteilung über sich und sein Werk mit „Beifall“ (ebd.) zu.

112 Siehe: Unterste, Theologische Aspekte, S. 12. Unterste schreibt an dieser Stelle: „Jung betrachtet sich also […] als Empiriker, und er verharrt zeit seines Lebens auf diesem Standpunkt, was wiederum viele andere Bemerkungen in seinem Werk belegen.“

113 Jung, Zur Psychologie westlicher und östlicher Religion, S. 2.

114 Jung, Psychologie und Alchemie, S. 23.

der Frage, ob eine solche Idee in irgend einem Sinne wahr oder falsch sei. Die Idee ist psychologisch wahr, insoweit sie existiert.[115]

Damit verweist Jung auf die Grenzen der psychologischen Wissenschaft, die „keine Antwort auf die Wahrheitsfrage geben“[116] möchte und weist darauf hin, dass ein Psychologe kein bestimmtes religiöses Bekenntnis als das ‚einzig Wahre' hervorheben dürfe:

> Der Psychologe darf, wenn er eine wissenschaftliche Haltung einnimmt, den Anspruch eines jeden Bekenntnisses, die einzige und ewige Wahrheit zu sein, nicht berücksichtigen. Er muß sein Augenmerk auf die menschliche Seite des religiösen Problems richten, da er sich mit der ursprünglichen religiösen Erfahrung befaßt, ganz abgesehen davon, was die Bekenntnisse daraus gemacht haben.[117]

Hier spricht nicht mehr der protestantische Pfarrerssohn, den seine religiös-moralische Erziehung nachhaltig geprägt hat, sondern der um Objektivität bemühte und damit tatsachenorientierte, empirische Psychologe.

Für C. G. Jung spielte die Religion, weniger die institutionalisierte Konfession, zeitlebens eine bedeutende Rolle. Besondere Aufmerksamkeit ist in diesem Zusammenhang auf Jungs Herkunft aus einem streng protestantischen Elternhaus zu richten: Jung kam in seinen bekannten Schriften wie etwa „Psychologie und Religion“ immer wieder auf den Protestantismus zu sprechen, dem er einerseits die Schwächung von Dogma und Ritual[118] und damit eine Entfremdung psychischer Vorgänge vorhält, ihm andererseits aber die Fähigkeit zur Ermöglichung unmittelbarer religiöser Erfahrungen durch Bewusstmachung religiösen Fehlverhaltens (z.B. von Sünden) einräumt.

Bei seiner psychotherapeutischen Arbeit beruft sich Jung dann allerdings doch auf die wissenschaftliche Vorgehensweise, indem er über einzelne religiöse Konfessionen hinaussieht und sich lediglich mit „der ursprünglichen religiösen Erfahrung“[119] auseinandersetzt, was ihm ermöglichen soll, „die menschliche Seite des religiösen Problems“[120] zu sehen. Carl Gustav Jung hat sich selbst im-

---

[115] Jung, Zur Psychologie westlicher und östlicher Religion, S. 2.

[116] Unterste, Theologische Aspekte, S. 17.

[117] Jung, Zur Psychologie westlicher und östlicher Religion, S. 6.

[118] Die besondere psychologische Bedeutung insbesondere des Dogmas liegt nach Jung darin, dass es in der Lage ist, unbewusste seelische Vorgänge durch sein Bild darzustellen. Damit garantiere es die Wiedergabe einer „psychischen Existenz“. Siehe dazu: Jung, Zur Psychologie westlicher und östlicher Religion, S. 48f.: „An sich hat meines Erachtens jede wissenschaftliche Theorie, ganz gleich, wie subtil sie sein mag, vom Standpunkt psychologischer Wahrheit aus weniger Wert als das religiöse Dogma, und zwar aus dem einfachen Grunde, weil eine Theorie notwendigerweise abstrakt und ausschließlich rational ist, während das Dogma eine irrationale Ganzheit durch sein Bild ausdrückt. Diese Methode garantiert eine viel bessere Wiedergabe einer so irrationalen Tatsache wie der psychischen Existenz.“

[119] Jung, Zur Psychologie westlicher und östlicher Religion, S. 6.

[120] Ebd.

mer als Empiriker verstanden und legte stets auf Tatsachen anstelle von Spekulationen größten Wert. Für ihn war es außerdem von Wichtigkeit, klarzustellen, dass die Psychologie nicht dazu da ist, um einzelne religiöse Erlebnisse und Erfahrungen zu beurteilen, sondern diese Erfahrungen als Tatsachen an sich anzusehen und sich mit diesen zu befassen.

3.3 Sigmund Freud und die Religion

Sigmund Freud hatte zur Religion ein wesentlich kritischeres Verhältnis als Hermann Hesse und C. G. Jung, beschäftigte sich jedoch sein ganzes Leben lang mit religiösen Themen. Freud verlieh seiner Sicht auf die Religion in vielen seiner Abhandlungen Ausdruck, z.B. in „Totem und Tabu", „Massenpsychologie und Ich-Analyse", „Zukunft einer Illusion" und in „Der Mann Moses und die monotheistische Religion".

Freuds distanzierte bis kritisch-ablehnende Ansichten machten auch vor der eigenen und der Religion seiner Familie, dem jüdischen Glauben, nicht halt.[121] Freud schreibt über den Auserwähltheitsglauben im Judentum:

> An religiöse Mythenbildungen wird man nicht den Anspruch stellen dürfen, daß sie auf *logischen Zusammenhalt* [eig. Hervorh.] große Rücksicht nehmen. Sonst hätte das Volksempfinden berechtigten Anstoß an dem Verhalten einer Gottheit finden können, die mit den Ahnherren einen Vertrag mit gegenseitigen Verpflichtungen schließt, sich dann jahrhundertelang um die menschlichen Partner nicht kümmert, bis es ihr plötzlich einfällt, sich den Nachkommen von neuem zu offenbaren. Noch mehr befremdend wirkt die Vorstellung, daß ein Gott sich mit einem Male ein Volk 'auswählt', es zu seinem Volk und sich zu seinem Gott erklärt. Ich glaube, es ist der einzige Fall in der Geschichte der menschlichen Religion.[122]

Freud stellt in dieser Äußerung den religiösen Mythen den „logischen Zusammenhalt" entgegen und stellt damit die Religion und den Glauben als einen Gegensatz zur Logik dar. Sigmund Freud versucht allerdings, religiöse Phänomene rational, mittels psychoanalytischer Erklärungen zu deuten. Eine wichtige Rolle spielen dabei der *Vatermord* und das *Ödipusphänomen*, wie sich in Freuds Ausführungen über das Christentum und über dessen zentrale Figur Jesus Christus zeigt, die er mit der Vatermordtheorie in Zusammenhang bringt:

> Wenn Gottes Sohn sein Leben opfern mußte, um die Menschheit von der Erbsünde zu erlösen, so muß nach der Regel der Talion, der Vergeltung durch Gleiches, diese Sünde eine Tötung, ein Mord gewesen sein. Nur dies konnte zu einer Sühne das Opfer eines Lebens erfordern. Und wenn die Erbsünde ein Verschulden gegen Gott-Vater war, so muß das älteste Verbrechen der Menschheit ein Vatermord

---

[121] Vgl. Schmid-Leupi, Die Entwicklung des Religionsbegriffes, S. 4.
[122] Freud, Fragen der Gesellschaft, S. 494.

gewesen sein, die Tötung des Urvaters der primitiven Menschenhorde, dessen Erinnerungsbild später zur Gottheit verklärt wurde.[123]

In seiner Abhandlung „Totem und Tabu" führt Freud die Entstehung nicht nur der Religion, sondern auch der Sittlichkeit, Gesellschaft und Kunst sämtlich auf den *Ödipuskomplex* zurück:

> So möchte ich den zum Schlusse dieser mit äußerster Verkürzung geführten Untersuchung das Ergebnis aussprechen, daß im Ödipuskomplex die Anfänge von Religion, Sittlichkeit, Gesellschaft und Kunst zusammentreffen, in voller Übereinstimmung mit der Feststellung der Psychoanalyse, daß dieser Komplex den Kern aller Neurosen bildet, soweit sie bis jetzt unserem Verständnis nachgegeben haben.[124]

Damit rückt Freud die Religion gedanklich in die Nähe seiner Neurosenlehre, der, nach Freud, ebenfalls der *Ödipuskomplex* zugrunde liegt. Freud selbst spricht in „Der Mann Moses und die monotheistische Religion" von der „Analogie zwischen neurotischen Vorgängen und den religiösen Geschehnissen"[125]. Freud

> versucht also, das religiöse Phänomen den gleichen Verstehensbedingungen zu unterwerfen wie die Neurose und bemüht sich so, in immer neuen Anläufen zum eigentlichen Kern des Problems vorzudringen.[126]

Freuds Haltung der Religion gegenüber blieb zeitlebens, trotz einiger weniger Zugeständnisse, weitgehend ablehnend[127], was sich besonders deutlich in seiner Schrift „Die Zukunft einer Illusion" von 1927 zeigt, in der Sigmund Freud die religiösen Lehren als Illusionen bezeichnet:

> Wenden wir uns nach dieser Orientierung wieder zu den religiösen Lehren, so dürfen wir wiederholend sagen: Sie sind sämtlich Illusionen, unbeweisbar, niemand darf gezwungen werden, sie für wahr zu halten, an sie zu glauben.[128]

Weiter oben im Text definiert Freud die *Illusion* auf folgende Weise:

> Für die Illusion bleibt charakteristisch die Ableitung aus menschlichen Wünschen, sie nähert sich in dieser Hinsicht der psychiatrischen Wahnidee, aber sie scheidet sich, abgesehen von dem komplizierten Aufbau der Wahnidee, auch von dieser. An der Wahnidee heben wir als wesentlich den Widerspruch gegen die Wirklich-

[123] Ebd., S. 53.
[124] Ebd., S. 439.
[125] Ebd., S. 540.
[126] Scharfenberg, Sigmund Freud und seine Religionskritik, S. 141.
[127] Vgl. ebd., S. 155.
[128] Freud, Fragen der Gesellschaft, S. 165.

> keit hervor, die Illusion muß nicht notwendig falsch, d.h. unrealisierbar oder im Widerspruch mit der Realität sein.[129]

Damit haben für Freud religiöse Lehren stets mit Wünschen und deren Erfüllung zu tun, auch wenn diese Wünsche nicht zwangsläufig irreal sein müssen. In „Das Unbehagen in der Kultur" führt Freud als einen solchen illusionären Wunsch die Sehnsucht nach einem Vater an, die sich dann in Form religiöser Bedürfnisse äußert:

> Für die religiösen Bedürfnisse scheint mir die Ableitung von der infantilen Hilflosigkeit und der durch sie geweckten Vatersehnsucht unabweisbar, zumal da sich dies Gefühl nicht einfach aus dem kindlichen Leben fortsetzt, sondern durch die Angst vor der Übermacht des Schicksals dauernd erhalten wird.[130]

Seinen Standpunkt, dass religiöse Lehren allesamt Illusionen seien, differenziert Freud wenige Jahre nach dem Erscheinen von „Die Zukunft einer Illusion", und zwar im Jahr 1930, indem er in seiner Abhandlung „Das Unbehagen der Kultur" darauf hinweist, dass sich seine Äußerungen auf „das, was der gemeine Mann unter seiner Religion versteht"[131], nämlich „das System von Lehren und Verheißungen"[132], bezogen hätten. Freud stellt fest, dass es sich in seiner Schrift „Die Zukunft einer Illusion" nicht um „die tiefsten Quellen des religiösen Gefühls"[133] gehandelt habe.

In den spärlichen anerkennenden Äußerungen des Psychoanalytikers Freud über die Religion findet sich bspw. die Feststellung, dass die Religion „zur Bändigung der asozialen Triebe viel beigetragen"[134] habe, und dass sie über Jahrtausende die menschliche Gesellschaft beherrscht habe.[135] Doch auch diesen positiven Tatbestand zweifelt der „Skeptiker"[136] Freud an:

> Es ist zweifelhaft, ob die Menschen zur Zeit der uneingeschränkten Herrschaft der religiösen Lehren im ganzen glücklicher waren als heute, sittlicher waren sie gewiß nicht. Sie haben es immer verstanden, die religiösen Vorschriften zu veräußerlichen und damit deren Absichten zu vereiteln.[137]

Es bleibt festzuhalten, dass Sigmund Freud stets eine kritische bis ablehnende Haltung der Religion gegenüber vertrat, auch wenn er darauf hinweist, dass sich diese Kritik auf das religiöse System der Lehren und Verheißungen bezieht. Die wenigen positiven Äußerungen, die Triebeinschränkung betreffend,

---

[129] Ebd.
[130] Ebd., S. 204.
[131] Ebd., S. 206.
[132] Ebd.
[133] Ebd.
[134] Ebd., S. 171.
[135] Vgl. ebd.
[136] Schmid-Leupi, Die Entwicklung des Religionsbegriffes, S. 31.
[137] Freud, Fragen der Gesellschaft, S. 171.

werden in Zweifel gezogen und um eine skeptische und kritische Sichtweise auf die Menschheit ergänzt. Freud versuchte sein Leben lang, religiöse Phänomene und Lehren mittels psychoanalytischer Erkenntnisse zu erklären und zu deuten; so bemühte er sich z.B., die Entstehung der Religion mit dem *Ödipuskomplex* zu erklären. Darüber hinaus hielt Freud die religiösen Lehren für Illusionen, die menschlichen Wünschen Ausdruck verleihen. Die Illusion setzt Freud zur Wahnidee in Beziehung, grenzt sie aber auch, was ihren Realitätsbezug angeht, deutlich von der Wahnvorstellung ab.

4. Die Figuren, Symbole und Motive der Romane „Demian“, „Siddhartha“ und „Der Steppenwolf“ und ihre psychoanalytische Bedeutung

Im nun folgenden Kapitel, das den Hauptteil der vorliegenden Magisterarbeit darstellen soll, wird es darum gehen, die wichtigsten Figuren, Symbole und Motive der drei ausgewählten Romane Hermann Hesses, nämlich „Demian“, „Siddhartha“ und „Der Steppenwolf“, zu analysieren und näher zu bestimmen. Die Untersuchung von Figuren, Symbolen und Motiven erfolgt unter Hinzunahme der Psychoanalyse Sigmund Freuds und der Analytischen Psychologie C. G. Jungs. In den einzelnen Kapiteln über die Symbole und Motive der drei Romane Hesses, bspw. über das Abraxas-Motiv im „Demian“ oder die Flusssymbolik im „Siddhartha“, wird neben den Werken Freuds und Jungs auch Literatur über einzelne Religionen, z.B. über den Gnostizismus, Verwendung finden. Das Moment der Religiosität spielt insbesondere im „Demian“ und im „Siddhartha“ eine große Rolle und schlägt sich in Form von Symbolen und Motiven (bspw. Kains-Motiv, Fluss-Symbol, Abraxas-Motiv) deutlich in den drei hier zu behandelnden Romanen Hermann Hesses nieder.

4.1 Die Figuren, Symbole und Motive des Romans „Demian“

4.1.1 Max Demian und Emil Sinclair: Führer und Suchender

Bevor auf die Analyse der Figuren Max Demian und Emil Sinclair eingegangen wird, wird ein Blick auf die Beschaffenheit der Existenz insbesondere der Demian-Figur geworfen: Ist diese Figur real existent oder eine symbolhafte Erscheinung im Inneren Emil Sinclairs? Und was genau symbolisiert die Figur des Max Demian dann?

Max Demian, die Titelfigur, tritt in einem realistisch anmutenden Kontext, nämlich im Rahmen der Lateinschule, real in Emil Sinclairs Leben, was die einführende Beschreibung des Ich-Erzählers verdeutlicht:

> In unserer Lateinschule war vor kurzem ein neuer Schüler eingetreten. Er war der Sohn einer wohlhabenden Witwe, die in unsere Stadt gezogen war, und er trug einen Trauerflor um den Ärmel. Er ging in eine höhere Klasse als ich und war mehrere Jahre älter, aber auch mir fiel er bald auf, wie allen. Dieser merkwürdige Schüler schien viel älter zu sein, als er aussah, auf niemanden machte er den Eindruck eines Knaben. Zwischen uns kindischen Jungen bewegte er sich fremd und fertig wie ein Mann, vielmehr wie ein Herr. Beliebt war er nicht, er nahm nicht an Spielen, noch weniger an Raufereien teil, nur sein selbstbewußter und entschiedener Ton gegen die Lehrer gefiel den andern. Er hieß Max Demian.[138]

[138] Hesse, Demian, in: Sämtliche Werke, S. 253. Die Zitate werden im Folgenden unter DE nachgewiesen.

Dank dieser genauen und realistischen Beschreibung erscheint Max Demian als reale Person, die nun in Emil Sinclairs Leben tritt. Die Beschreibung beinhaltet Fakten und Tatsachen über den neuen Schüler: Er ist Sohn einer gut situierten Witwe, ist mehrere Jahre älter als Sinclair, geht in eine höhere Klasse und trägt einen Trauerflor, was auf das kürzliche Verscheiden des Vaters hindeutet. In diesem 'Tatsachenbericht' deutet sich jedoch schon eine Besonderheit der Demian-Figur an: Sie wird als Erwachsener, als „Herr" und als „wie ein Mann" beschrieben. Damit erhält Max Demian etwas Abgeschlossenes und Fertiges, dem es an jeglicher Unreife und Unvollkommenheit zu mangeln scheint. Er scheint nicht mit anderen 'normalen' Jungen seines Alters vergleichbar zu sein und hebt sich dadurch scharf von der übrigen Schülergemeinschaft ab.

Die realistische und konkrete Deskription Demians wird stark relativiert, als der Ich-Erzähler an späterer Stelle Folgendes über Demian zu berichten weiß:

> Wenigstens kamen viel Gerüchte über den ‚Neuen' in Umlauf. Wenn ich sie nur noch alle wüßte, jedes würde ein Licht auf ihn werfen, jedes würde zu deuten sein. Ich weiß nur noch, daß zuerst verlautete, die Mutter Demians sei sehr reich. Auch sagte man, sie gehe nie in die Kirche, und der Sohn auch nicht. Sie seien Juden, wollte einer wissen, aber sie konnten auch heimliche Mohammedaner sein. [...] Einen Abend hieß es sogar, er [sc. Demian] sei tot. Alles wurde eine Weile behauptet, alles geglaubt, alles war aufregend und wundersam. Dann hatte man für eine Weile genug. Nicht viel später aber kamen neue Gerüchte unter uns Schülern auf, die wußten davon zu berichten, daß Demian vertrauten Umgang mit Mädchen habe und ‚alles wisse'. (DE, 258)

Max Demian ist nun nicht mehr mit Fakten und Tatsachen zu umreißen, sondern scheint sich jeder Beurteilung von außen zu entziehen. Es dominieren nunmehr Gerüchte, Mythen und Halbwahrheiten die Beschreibung des Erzählers. Diese „Gerüchte" lassen das eben noch konkrete Demian-Bild zusehends verschwimmen und offenbaren eine facettenreiche, schillernde und für Außenstehende kaum greifbare Persönlichkeit. An dieser Textstelle erscheint Demian schon nicht mehr als eine real erfassbare Person, sondern eher als geistig-psychologisches Symbol. Im weiteren Verlauf der Handlung kommt es zu einer schrittweisen Aufnahme Demians in Sinclairs Inneres, was diesen nun endgültig seiner Realität beraubt und ihn zu einer symbolhaften Figur werden lässt. Sinclair beginnt, Demian aus seinem Inneren heraus zu sehen und es entsteht ein Bild Demians, das für lange Zeit „das einzig Feste"[139] für Sinclair bleiben wird und ihn hin zu einem neuen, vollkommeneren Selbst führen wird. Doch zunächst muss Max Demian in seiner real-physischen Ausprägung Emil Sinclair aus tatsächlichen und wirklichen Schwierigkeiten heraushelfen, nämlich aus der Erpressung durch den Gassenjungen Franz Kromer. Zum Ende des Romans hin ist Emil jedoch nicht mehr auf Demians reale Hilfe angewiesen, sondern lässt

[139] Khera, Hermann Hesses Romane der Krisenzeit, S. 85.

sich nur noch von seinem inneren Demian-Bild leiten und helfen. Und selbst darauf ist der inzwischen zu vollkommenem Selbst gelangte Sinclair nicht mehr angewiesen, da er sich mittlerweile selbst – von innen heraus – zu führen weiß. Am Ende des Romans sagt Demian, dies belegend, zu Sinclair:

> Ich werde fortgehen müssen. Du wirst mich vielleicht einmal wieder brauchen, gegen den Kromer oder sonst. Wenn du mich dann rufst, dann komme ich nicht mehr so grob auf einem Pferd geritten oder mit der Eisenbahn. Du mußt dann in dich hinein hören, dann merkst du, daß ich in dir drinnen bin. (DE, 365)

Hier zeigt sich die höchste erreichbare Stufe im Verhältnis Sinclair-Demian: die Ebenbürtigkeit der beiden Hauptfiguren des Romans. Emil Sinclair ist es nun gelungen, die zu Beginn real existente Führerpersönlichkeit in Gestalt Max Demians zu verinnerlichen und zu einem Teil seiner selbst werden zu lassen. Sinclair trägt den Führer zu einem besseren, allumfassenderen Selbst nun in sich und hat gelernt, Demian aus seinem Inneren heraus zu kontaktieren. Dadurch erhält Emil die Fähigkeit, Innen und Außen miteinander in Einklang zu bringen und sich mit der, die Ganzheit verkörpernden, All-Gottheit zu vereinigen. Mit dieser Ebenbürtigkeit Demian gegenüber, ist Emil Sinclairs Entwicklung abgeschlossen.

Max Demian ist also einerseits eine real existierende Person und hilft als eine solche Emil Sinclair zu Anfang auch physisch-real, indem er ihn aus Franz Kromers Händen befreit, andererseits steht Demian für die Vereinigung von Gegensätzen wie Gut und Böse oder Innen und Außen und erhält symbolhaften Charakter. Indem Sinclair die symbolische Seite Demians, welche den Weg zur inneren Ganzheit versinnbildlicht, in seine Psyche aufnimmt und integriert, wird er dazu befähigt, die zwei Seiten seiner Seele, Licht und Schatten, miteinander in Einklang zu bringen. Doch was genau symbolisiert die Figur des Max Demian nun?

Im Hinblick auf die psychoanalytische Ausrichtung und Interpretationsweise der vorliegenden Magisterarbeit, ist Demian sicherlich ein Symbol für das Jungsche *Selbst*, das als Verkörperung der seelischen Ganzheit des Menschen aufgefasst werden kann.[140] Damit vertritt Demian das Ideal und die vollkommene Stufe der Psyche, die Ganzheit, was ihn dazu bestimmt, zu einer Leitfigur für den nach innerem Zusammenhalt suchenden Emil Sinclair zu werden. Demian ist auch derjenige, der bei Sinclair einen – mit Jung gesprochen – *Individuationsprozess* in Gang bringt. C. G. Jung definiert *Individuation* wie folgt:

---

[140] Vgl. Jung, Erinnerungen, Träume, Gedanken, S. 415f. und vgl. auch Baumann, Hermann Hesses Erzählungen, S. 39: „Er [sc. Demian] ist zugleich Hermes Psychopompos und Symbol seelischer Einheit und Ganzheit.“

> Ich gebrauche den Ausdruck ‚Individuation' im Sinne jenes Prozesses, welcher ein psychologisches ‚Individuum', das heißt eine gesonderte, unteilbare Einheit, ein Ganzes, erzeugt.[141]

Im Fall Emil Sinclairs handelt es sich um eben diesen psychologischen Entwicklungsprozess hin zur inneren Ganzheit, die durch die Figur des Max Demian symbolisiert wird. Um zu dieser inneren Ganzheit gelangen zu können, ist es notwendig, die gegensätzlichen Seiten der Psyche beide innerlich zu integrieren und miteinander zu vereinigen, ohne dass eine der beiden Seiten – und meistens ist das die 'dunkle' Seite der Triebe, Begierden und unbewussten psychischen Vorgänge – unterdrückt oder verdrängt wird.[142] Emil Sinclair erspürt, korrespondierend zu seiner inneren Zerrissenheit, von Anfang an auch in der äußeren, realen Welt eine Zweiteilung, die sich in seiner Abgrenzung der 'heilen' Welt seiner Eltern von der 'dunklen' Welt des Hausgesindes sehr deutlich zeigt:

> Die eine Welt war das Vaterhaus, aber sie war sogar noch enger, sie umfaßte eigentlich nur meine Eltern. [...] Zu dieser Welt gehörte milder Glanz, Klarheit und Sauberkeit, hier waren sanfte freundliche Reden, gewaschene Hände, reine Kleider, gute Sitten daheim. In dieser Welt gab es gerade Linien und Wege, die in die Zukunft führten, es gab Pflicht und Schuld, schlechtes Gewissen und Beichte, Verzeihung und gute Vorsätze, Liebe und Verehrung, Bibelwort und Weisheit. Zu dieser Welt mußte man sich halten, damit das Leben klar und reinlich, schön und geordnet sei.
> Die andere Welt indessen begann schon mitten in unserem eigenen Hause und war völlig anders, roch anders, sprach anders, versprach und forderte anderes. In dieser zweiten Welt gab es Dienstmägde und Handwerksburschen, Geistergeschichten und Skandalgerüchte, es gab da eine bunte Flut von ungeheuren, lockenden, furchtbaren, rätselhaften Dingen, Sachen wie Schlachthaus und Gefängnis, Betrunkene und keifende Weiber, gebärende Kühe, gestürzte Pferde, Erzählungen von Einbrüchen, Totschlägen, Selbstmorden. (DE, 237)

---

[141] Jung, Die Archetypen und das kollektive Unbewußte, S. 293. Etwas weiter im Text schreibt Jung darüber, dass für dieses Ganze und Vollständige Bewusstsein und Unbewusstes gleichberechtigt nebeneinander stehen müssen und dass keines von beiden das jeweils andere unterdrücken dürfe: „Bewußtsein und Unbewußtsein ergeben kein Ganzes, wenn das eine durch das andere unterdrückt und geschädigt wird. [...] Beide sind Aspekte des Lebens. Das Bewußtsein sollte seine Vernunft und seine Selbstschutzmöglichkeiten verteidigen, und das chaotische Leben des Unbewußten sollte auch die Möglichkeit haben, seiner eigenen Art zu folgen, soviel wir davon ertragen können." (Ebd., S. 306) Jung sagt in diesem Zusammenhang über das Unbewusste, dass es „nicht aufgeschluckt werden" (Ebd.) könne und dass „das Unbewußte Leben ist und daß sich dieses Leben gegen uns wendet, wenn es unterdrückt wird, wie dies bei Neurosen der Fall ist." (Ebd.)

[142] Vgl. dazu Stelzig, Fictions of the self, S. 144, wo „a progressive integration of the 'light' and 'dark' realms of Sinclair's divided self [...] as a Blakean marriage of heaven and hell" den Individuationsprozess ausmacht.

Dieses überlange Zitat verdeutlicht, wie entgegengesetzt und zerrissen Emil seine Umwelt vorkommt, was eine Vorwegnahme seiner späteren inneren Zerrissenheit zwischen dem guten, wohlanständigen Menschen (Elternhaus, Abel) und dem verdorbenen, verbrecherischen Menschen (Welt des Hausgesindes, Franz Kromer, Kain) ist. Bereits hier zeigt sich Sinclairs Wunsch nach der Vereinigung dieser beiden gegensätzlichen Welten, da Emil beide als „wunderbar" empfindet:

> Es war wunderbar, daß es hier bei uns Frieden, Ordnung und Ruhe gab, Pflicht und gutes Gewissen, Verzeihung und Liebe – und wunderbar, daß es auch alles das andere gab, alles das Laute und Grelle, Düstere und Gewaltsame, dem man doch mit einem Sprung zur Mutter entfliehen konnte. (DE, 238)

Freilich ist der Wunsch, beide Welten schön und spannend finden zu können und als zwei Seiten derselben Medaille sehen zu können noch sehr verschwommen und vom Glauben an das Gute und Reine im Menschen überlagert. Emil braucht in diesem frühen Stadium seiner psychischen Entwicklung noch den Schutz der Mutter, um auch die Welt des Hausgesindes „wunderbar" finden zu können. Die Mutter erfüllt hier eine ähnliche Funktion wie Max Demian: Sie beschützt Sinclair vor dem 'Bösen' und 'Dunklen' dieser Welt, so wie ihn später Demian vor dem erpresserischen Gassenbuben Franz Kromer beschützen wird.

Dass Max Demian Gegensätze in sich vereinigt und damit das wesentliche Ziel der Individuation darstellt, zeigt sich bereits in den einführenden Beschreibungen von dem Jungen:

> Ich mußte ihn lang ansehen, und damals fühlte ich, noch fern vom Bewußtsein, etwas sehr Eigentümliches. Ich sah Demians Gesicht, und ich sah nicht nur, daß er kein Knabengesicht hatte, sondern das eines Mannes; ich sah noch mehr, ich glaubte zu sehen, oder zu spüren, daß es auch nicht das Gesicht eines Mannes sei, sondern noch etwas anderes. Es war, als sei auch etwas von einem Frauengesicht darin, und namentlich schien das Gesicht mir, für einen Augenblick, nicht männlich oder kindlich, nicht alt oder jung, sondern irgendwie tausendjährig, irgendwie zeitlos, von anderen Zeitläuften gestempelt, als wir sie leben. (DE, 273)

Diese Textstelle zeigt sowohl eine Doppelnatur in Demians Antlitz als auch die Andeutung von Zeitlosigkeit und Ewigkeit. In dieser Beschreibung Sinclairs, die dieser aus dem Unbewussten heraus gibt, zeigt sich die Vereinigung von Gegensätzen – hier der Mann-Frau-Gegensatz – bereits äußerlich in Demians Gesicht. In der Darstellung von äußeren Gegensätzlichkeiten – wie auch die Beschreibung der zwei Welten, die Emil in seiner Kindheit erlebt hat, zeigt – wird der spätere innere Konflikt und die Zerrissenheit Emils vorweggenommen. Die äußeren Gegensätzlichkeiten dienen damit der bildhaften Darstellung einer inneren Zerrissenheit zwischen zwei entgegengesetzten Polen. Indem Demian nun solch starke Gegensätze in seinem Gesicht aufweist, indem also zwei in einem zusammengefasst sind, symbolisiert er das ganzheitliche Selbst. Für diese starken und unvereinbaren Gegensätze steht die hermaphroditische Darstellung von Max

Demians Gesicht. Auch C. G. Jung maß der Zweigeschlechtlichkeit eine große Bedeutung bei, wie er im Zusammenhang mit dem Archetypus des Kindes erläutert:

> Es ist eine bemerkenswerte Tatsache, daß vielleicht die Mehrzahl der kosmogonischen Götter zwiegeschlechtiger Natur sind [!]. Der Hermaphroditus bedeutet nichts anderes als eine Vereinigung der stärksten und auffallendsten Gegensätze.[143]

Im Rahmen der Erläuterung des Hermaphroditismus schreibt Jung weiter, dass dieser „zum *Symbol der konstruktiven Vereinigung von Gegensätzen* [Hervorh. i. Orig.] geworden“[144] sei und nicht zurück, sondern vorwärts zu einem noch nicht erreichten Ziel weise[145]. Damit haben das hermaphroditische Symbol und die damit verbundene Vereinigung von Gegensätzen für Carl Gustav Jung zukunftsweisenden Charakter und stellen die Hauptvoraussetzung für die innere Individuation dar. Im erstgenannten Zitat stellt Jung eine Relation zwischen Hermaphroditismus und Göttlichkeit her, die auch bei Demian nicht weit hergeholt erscheint, da er – vor allem im Vergleich zu seinem Zögling Sinclair – Eigenschaften besitzt, die ihn deutlich von allem Durchschnittlichen und Menschlichen abheben. Emil Sinclair ist aber bereit, sich für das neuartige Wissen um das Ziel des vollständigen und vollkommenen Selbst zu öffnen und Max Demian als seinen Lehrer zu akzeptieren, was wiederum Emil von anderen, nicht zur psychischen Weiterentwicklung bereiten, Menschen abgrenzt. Aufgrund seiner außergewöhnlichen Eigenschaften wird Demian für Sinclair zur „Inkarnation des Selbst“[146] und zum „Seelenführer“[147].

Auch die Zweiheit Sinclair – Demian, der suchende Schüler und der psychisch fertig entwickelte Führer, spiegelt ebenfalls eine Teilung in Gegensätze wider, die sich allerdings auflöst, als es Sinclair gelingt, Demian in seine Psyche zu integrieren und zu seinem eigenen Herrn und Führer zu werden: „Du mußt dann in dich hinein hören, dann merkst du, daß ich in dir drinnen bin“ (DE, 365), sagt Demian zu Sinclair am Ende des Romans, was diese psychische Integration der Führerfigur verdeutlicht. Der Schlusssatz des Romans zeigt, dass Emil Sinclair Demian ebenbürtig geworden ist und damit zu einem vollkommenen und allumfassenden Selbst gelangt ist:

> Aber wenn ich manchmal den Schlüssel finde und ganz in mich selbst hinuntersteige, da wo im dunkeln Spiegel die Schicksalsbilder schlummern, dann brauche ich mich nur über den schwarzen Spiegel zu neigen und sehe mein eigenes Bild, das nun ganz Ihm gleicht, Ihm, meinem Freund und Führer. (Ebd.)

---

[143] Jung, Die Archetypen und das kollektive Unbewußte, S. 187.
[144] Ebd., S. 188.
[145] Vgl. ebd.
[146] Baumann, Hermann Hesses Erzählungen, S. 41.
[147] Ebd.

Indem Emil Demian gleicht, weiß er auch, dass er nun endlich zu seinem ganzheitlichen Selbst gefunden hat und sein eigener Herr und Meister geworden ist.

Es bleibt zu sagen, dass Max Demian symbolisch für das Selbst und die vollständige und ganzheitliche Psyche steht, was sich bereits in der Beschreibung von Gegensätzlichkeiten in seinem Äußeren andeutet. Der äußerlich wie innerlich zwischen der ‚heilen' Welt seiner Eltern und der ‚dunklen' Welt des Franz Kromer zerrissene Emil Sinclair erkennt in dem weisen und wesentlich weiter entwickelten Max Demian die geradezu ideale Leitfigur, die ihn auf den Weg zu sich selbst bringen kann. Als Sinclair Demian am Ende des Romans ganz in sich integriert hat und damit die Unabhängigkeit von seinem Führer erlangt hat, wird dieser in seiner physischen Form überflüssig, und wie um dies zu verdeutlichen, stirbt Max Demian während des Ersten Weltkrieges in einem Lazarett.

4.1.2 Beatrice, das Seelenbild der Anima

Neben Frau Eva, auf die in Kapitel 4.1.4 näher eingegangen wird, spielt noch eine andere Frauenfigur in Hermann Hesses „Demian" eine wichtige Rolle: Beatrice. Sinclair selbst gibt ihr diesen Namen (vgl. DE, 295).[148] Emil Sinclair begegnet ihr das erste Mal im Park bei einem Spaziergang:

> Sie war groß und schlank, elegant gekleidet und hatte ein kluges Knabengesicht. [...] Sie war wohl kaum älter als ich, aber viel fertiger, elegant und wohl umrissen, schon fast ganz Dame, aber mit einem Anflug von Übermut und Jungenhaftigkeit im Gesicht, den ich überaus gern hatte. [...] Ich gab ihr den Namen Beatrice, denn von ihr wußte ich, ohne Dante gelesen zu haben, aus einem englischen Gemälde, dessen Reproduktion ich mir aufbewahrt hatte. (DE, 295)

Was die Beschaffenheit der Existenz der Beatrice-Figur angeht, verhält es sich mit ihr ähnlich wie mit Demian: Sie wird zuerst als realistisch-physische Person, auf die Sinclair zufällig trifft, eingeführt, dann aber von Sinclair als inneres Leitbild zusehends in sein Selbst integriert und dort gewissermaßen konserviert. Die eigentliche Funktion der Beatrice ist diejenige der „'Bringerin der Glückseligkeit'"[149] und sie „ist damit so real, wie etwas nur sein kann, was die Existenz des Menschen trifft"[150]. Beatrice ist im Grunde ein in Emil Sinclair selbst existierendes Leitsymbol und damit Teil seines Inneren und ein Teil von ihm selbst. Als in Emils Unbewusstem das Bild Beatrices auftaucht, verspürt er den „Wunsch nach Ehrfurcht und Anbetung" (DE, 295), dem er in Form eines von ihm gemalten Bildes Ausdruck zu geben gedenkt: „Von all den neuen Übungen,

---

[148] Der Name Beatrice stellt im „Demian" einen Bezug zu Dantes „Divina Commedia" her. Beatrice war der Name der großen, jedoch unerwiderten Liebe von Dante Alighieri, vgl. dazu: Wolff, Hesse, S. 44 und Baumann, Hermann Hesses Erzählungen, S. 48f.

[149] Wolff, Hesse, S. 45.

[150] Ebd.

in denen ich Ausdruck für meine neue Gesinnung suchte, wurde eine mir wichtig. Ich begann zu malen.“ (DE, 297) Als Emil damit beginnt, das Mädchen zu malen, malt er keine real existierende Person, sondern das *Bild* von ihr, das in ihm derart lebendig ist, als wäre es Wirklichkeit. Und nur dieses symbolische Beatrice-*Bild* kann Sinclair leiten und führen, so dass er – sich zum Zeitpunkt der ersten Begegnung mit Beatrice in einer persönlichen Krise befindend – eine neue Lebensperspektive erhält.

Dieser Eindruck eines lebendigen inneren Bildes wird durch dessen Transformations- und Verwandlungsfähigkeit verstärkt: Das Beatrice-Bild verändert seine Gestalt nämlich in zwei Stufen. Zuerst wird Beatrices Antlitz zu demjenigen Max Demians:

> Und eines Morgens, als ich aus solchen Träumen erwachte, erkannte ich es plötzlich. Es sah mich so fabelhaft wohlbekannt an, es schien meinen Namen zu rufen. Es schien mich zu kennen, wie eine Mutter, schien mir seit allen Zeiten zugewandt. [...] näher und näher fühlte ich in mir die Erkenntnis, das Wiederfinden, das Wissen. [...] Wie hatte ich das erst so spät finden können! Es war Demians Gesicht. (DE, 299)

Die zweite und letzte Stufe der Verwandlung des Beatrice-Bildes nimmt schließlich das Ziel von Emil Sinclairs Individuationsprozess vorweg: Das Bild zeigt jetzt Emils vollkommenes und ganzheitliches Selbst, von dem eine konkrete Vorstellung in Sinclairs Innerem zu sein scheint:

> Und allmählich kam mir ein Gefühl, daß das nicht Beatrice und nicht Demian sei, sondern – ich selbst. Das Bild glich mir nicht – das sollte es auch nicht, fühlte ich – aber es war das, was mein Leben ausmachte, es war mein Inneres, mein Schicksal oder mein Dämon. So würde mein Freund aussehen, wenn ich je wieder einen fände. So würde meine Geliebte aussehen, wenn ich je eine bekäme. So würde mein Leben und so mein Tod sein, dies war der Klang und Rhythmus meines Schicksals. (DE, 299)

Die zu Anfang reale Person Beatrice aus dem Park ist somit erst zu einem Bildnis ihrer selbst, dann zu dem Demians und schließlich zum „Spiegelbild“[151] von Sinclairs vorweggenommenem und vollkommenem Selbst geworden. Die Ganzheit des gemalten Selbst zeigt sich in der Mann-Frau-Gegenüberstellung „Freund“ – „Geliebte“ (DE, 299).

---

[151] Mecocci, Die Bedeutung der weiblichen Gestalten, S. 74. Micaela Mecocci befasst sich in ihrem Aufsatz „Die Bedeutung der weiblichen Gestalten in Hermann Hesses Prosa“ u.a. mit der Funktion der weiblichen Figuren als Spiegel: „Der in der weiblichen Gestalt verkörperte Spiegel ist also etwas, das hervorhebt und enthüllt, wiederholt und wiedergibt, ein identisches Paradigma abwandelt. Er bewirkt keine echte Verschiebung, keine fühlbare Umkehrung, kein Aufkeimen einer anderen Welt. Das gegenübergestellte Bild ist eine Spiegelung desselben.“ (Ebd.)

Es interessant, wie die Figur der Beatrice eingeführt wird: Es zeigen sich wie bei Demian hermaphroditische Züge, die Verbindung von Männlichem und Weiblichem, z.B. wenn der jungen Frau „ein kluges Knabengesicht“ (DE, 295) und „Übermut und Jungenhaftigkeit im Gesicht“ (ebd.) zugesprochen werden. Es zeigt sich hier erneut eine Vereinigung von Gegensätzen, die sich unter normalen Umständen gegenseitig ausschließen würden: Man ist entweder Mann oder Frau. Beatrice erweckt in Sinclair den Eindruck als sei sie keinem der beiden Geschlechter eindeutig zuzuordnen. Der Hermaphroditismus zeigt sich besonders deutlich, als Emil damit beginnt, das Mädchen Beatrice aus dem Unbewussten heraus zu porträtieren[152] und eines Tages im Bildnis Beatrices dasjenige Demians erkennt und damit Beatrice und Demian in einen Zusammenhang bringt (vgl. DE, 299). Beatrice führt Emil also im übertragenen Sinn zu Demian und schließlich zu sich selbst. Wie auch Demian vereinigt sie Gegensätze in sich, was sowohl die erste Beschreibung Sinclairs als auch das von ihm gemalte Porträt zeigt. Und je mehr Emil das Bildnis aus seinem Unbewussten heraus malt, desto weniger ähnelt es der jungen Frau aus dem Park. Anstelle ihrer nimmt es immer stärker zuerst die Züge Max Demians und schließlich diejenigen von Sinclairs ganzheitlichem Selbst an. Diese Feststellung zeigt auf der einen Seite, dass Beatrice und Demian bereits in Sinclairs Inneres integriert wurden und auf der anderen Seite, dass auch Beatrice für eine vollständigere Stufe des Selbst steht, was die ihrer Weiblichkeit widersprechenden knabenhaften Züge ihrer Erscheinung bereits anzeigen. Das Erkennen von Demians Gesicht im Porträt zeigt, dass Emil die Vorstellung der Vereinigung von Gegensätzen offenbar schon so sehr in sein Selbst integriert hat, dass dieses Selbst, oder besser sein Unbewusstes, diese Vorstellung auf die Leinwand projiziert. Emil malt also unbewusst das Ziel seines Individuationsprozesses, zunächst in Gestalt Max Demians, der das ganzheitliche und vollkommene Selbst symbolisiert. An diesem Punkt angekommen, verwandelt sich das Bildnis ein zweites Mal und ähnelt nun weder Beatrice noch Demian, sondern wird zur Darstellung des idealen und vollkommenen Selbst Emil Sinclairs, der diese zweite Stufe der Verwandlung des gemalten Antlitzes als sein „Inneres“ (DE, 299), sein „Schicksal“ (ebd.) und seinen „Dämon“ (ebd.) bezeichnet. Während des gesamten Malvorganges scheint das Unbewusste Emil die Hand zu führen.

---

[152] Die künstlerische Tätigkeit des Malens hat im „Demian“ in Verbindung mit der richtigen Interpretation des gemalten Bildes die Funktion einer psychologischen Therapiemaßnahme, so wie sie auch heute noch im Rahmen psychotherapeutischer Behandlungen angewandt wird. Gleichzeitig zeigt sich in dieser Passage des Romans „Demian“ ein autobiographischer Bezug auf den Autor Hermann Hesse: Im Laufe seiner Psychotherapie bei Dr. Josef Bernhard Lang begann Hesse seine Gedanken und Vorstellungen zu malen und zu zeichnen, gleichsam als Therapiemaßnahme. Vgl. dazu: Hesse, Die dunkle und wilde Seite, S. 8, im Vorwort von Thomas Feitknecht. Auch Flavia Arzeni geht in ihrem Aufsatz „Hermann Hesse und die Farben der Seele“ auf das Verhältnis Hermann Hesses zur Malerei ein und weist, wie auch Thomas Feitknecht in seinem Vorwort, auf die prägende Rolle Dr. Langs hin, der Hesse an die bildende Kunst und die Malerei heranführte: Vgl. Arzeni, Hesse und die Farben, S. 98f.

Inwiefern ist Beatrice aber nun Symbol oder Sinnbild der Anima? *Anima* ist nach C.G. Jung

> ein bestimmter Fall unter den psychischen *Bildern* [Hervorh. i. Orig.], die das Unbewußte produziert. [...] so wird auch die Seele, die innere Einstellung, vom Unbewußten durch bestimmte Personen, welche die der Seele entsprechenden Eigenschaften besitzen, dargestellt. Ein solches Bild heißt Seelenbild. Gelegentlich sind es auch ganz unbekannte oder mythologische Personen. Bei Männern wird die Seele vom Unbewußten in der Regel als weibliche Person dargestellt, bei Frauen als männliche Person.[153]

Diese männliche Person nennt Jung entsprechend *Animus*.[154] Jung schreibt außerdem über *Anima* und *Animus*:

> Da sie [sc. Anima und Animus] nur Teilpersönlichkeiten sind, haben sie den Charakter eines inferioren Mannes oder einer inferioren Frau, und daher kommt ihr irritierender Einfluß. Ein Mann unter diesem Einfluß ist unberechenbaren Launen unterworfen, und eine Frau wird rechthaberisch und äußert Meinungen, die am Eigentlichen vorbeigehen.[155]

Beatrice ist also, Jungs Definition folgend, die Symbolisierung von Sinclairs Seele in der Gestalt einer jungen Frau. Emil scheint diese junge Frau zwar anfangs in der Realität im Park anzutreffen, sein Unbewusstes jedoch scheint diese mit den Sinnen wahrgenommene Frauengestalt zu verändern und ihr dabei männlich-knabenhafte Züge zu verleihen. Sinclairs Unbewusstes beeinflusst damit seine Realitätswahrnehmung derart, dass dieses *innere* Beatrice-Bild für ihn zur einzig geltenden Wirklichkeit wird. Emil beginnt dieses Bild so zu malen, wie es ihm vor seinem *inneren* Auge erscheint.

Beatrice ist also die weibliche Verkörperung von Emils Seele und gibt diesem den Anreiz, seine unbewussten Eindrücke und Vorstellungen auf die Leinwand zu bringen. So ist für Emil ein *Selbst*-Ausdruck möglich, der ihm zu verstehen gibt, dass es nicht um diese spezielle Frauengestalt geht, sondern um die Darstellung von Androgynität als Symbol für die Vereinigung von Gegensätzen, die das vollkommene und ganzheitliche Selbst ausmacht. Damit ist das Bildnis der jungen Frau Beatrice, das sich in Sinclairs Unbewusstem zuerst in Demian, dann in sein ideales Selbst verwandelt, die künstlerische Darstellung von innerer Vollkommenheit und Ganzheit, die es für Emil Sinclair nun zu erreichen gilt.

---

[153] Jung, Psychologische Typen, S. 510.
[154] Vgl. Jung, Zur Psychologie westlicher und östlicher Religion, S. 31f.
[155] Ebd., S. 32.

4.1.3 Pistorius: Musiker, Mythenforscher und Wegweiser zum Selbst

Pistorius, ein Musiker und Mythenforscher, ist nach Demian der wichtigste männliche Führer zu Sinclairs Selbst und zu seiner inneren Ganzheit. Er bietet Emil eine Vertiefung seines, durch Demian bereits vorweggenommenen, Grundwissens über die Abraxas-Theologie[156], deutet seine für ihn bis dahin unverständlichen Träume und nimmt die Rolle eines Propheten ein. Sinclair lernt Pistorius wie Demian und Beatrice unter gewöhnlichen und realen Umständen kennen: in einer Kirche als Orgelspieler. Emil ist unverzüglich fasziniert und eingenommen von der Spielweise des Organisten:

> Aus der Musik, die er spielte, hörte ich nicht nur ihn selbst. Es schien mir auch alles, was er spielte, unter sich verwandt zu sein, einen geheimen Zusammenhang zu haben. Alles, was er spielte, war gläubig, war hingegeben und fromm, aber nicht fromm wie die Kirchengänger und Pastoren, sondern fromm wie die Pilger und Bettler im Mittelalter, fromm mit rücksichtsloser Hingabe an ein Weltgefühl, das über allen Bekenntnissen stand. (DE, 311)

Diese Textstelle zeigt, dass Pistorius bereits in seiner Art zu musizieren in Sinclair das Gefühl von etwas Allumfassendem vermittelt, das über den rein individuellen Bereich hinauszugehen scheint. Hier kommt auch Hesses Auffassung von Religiosität zum Tragen: Sie ist nicht an ein bestimmtes kirchliches Bekenntnis gebunden, sondern strebt danach, dasjenige zu erfassen, „was allen Konfessionen und allen menschlichen Formen der Frömmigkeit gemeinsam ist“[157].

Die Beschreibung von Pistorius zeigt, ähnlich wie bei Demian, Beatrice und später auch der gnostischen Gottheit Abraxas, eine Vereinigung von Gegensätzen, die sich im sichtbaren und realistischen Bereich des Erscheinungsbildes manifestieren:

> Das Männliche und Starke saß alles in Augen und Stirn, der untere Teil des Gesichtes war zart und unfertig, unbeherrscht und zum Teil weichlich, das Kinn voll Unentschlossenheit stand knabenhaft da wie ein Widerspruch gegen Stirn und Blick. Lieb waren mir die dunkelbraunen Augen, voll Stolz und Feindlichkeit. (DE, 312)

Es zeigen sich die Gegensätze „männlich“ versus „knabenhaft“ und „stark“ versus „zart“, die Kindlichkeit und Unreife dem Erwachsensein, der Männlichkeit und der Stärke entgegenstellen. Pistorius' Gesicht stellt damit ebenfalls eine Ganzheit dar, welche Gegensätze in sich vereinigt. Darüber hinaus aber ist in

---

[156] Abraxas war eine gnostische Gottheit, die Gegensätze wie hell und dunkel oder Gut und Böse in sich vereinigt. Der Gott Abraxas galt in der gnostischen Religion als Verkörperung der Ganzheit und des Neuanfangs (vgl. Wolff, Hesse, S. 21f.). Zu Abraxas siehe Kapitel 4.1.5 der vorliegenden Magisterarbeit.

[157] Hesse, Zu „Siddhartha“, in: Autobiographische Schriften, S. 213.

des Organisten Gesicht Emils Individuationsprozess angedeutet, der vom (inneren) zarten und unreifen Kind zum (inneren) starken, reifen und stolzen Erwachsenen führen soll. Anders als Demian und Beatrice, bleibt die Figur des Pistorius in der realen Sphäre verhaftet, insbesondere als sich herausstellt, dass er sein weitreichendes Wissen nicht umzusetzen vermag und damit in Emils Augen seine Führer-Autorität verliert.

Pistorius stellt im „Demian" neben diesem eine weitere, allerdings rein physische, Führerfigur dar, die Emil Sinclair auf seinem Weg zur inneren Ganzheit begleitet. Er ist derjenige, der Emil in das Wissen um das *kollektive Unbewusste* einweiht, das Jung als den

> Teil der Psyche [sc. charakterisiert], der von einem persönlichen Unbewußten dadurch negativ unterschieden werden kann, daß er seine Existenz nicht persönlicher Erfahrung verdankt und daher keine persönliche Erwerbung ist. [...] die Inhalte des kollektiven Unbewußten [waren] nie im Bewußtsein und wurden somit nie individuell erworben, sondern verdanken ihr Dasein ausschließlich der Vererbung.[158]

In ganz ähnlicher Weise spricht Pistorius von der Natur der Persönlichkeit:

> Wir ziehen die Grenzen unserer Persönlichkeit immer viel zu eng! Wir rechnen zu unserer Person immer bloß das, was wir als individuell unterschieden, als abweichend erkennen. Wir bestehen aber aus dem ganzen Bestand der Welt, jeder von uns, und ebenso wie unser Körper die Stammtafeln der Entwicklung bis zum Fisch und noch viel weiter zurück in sich trägt, so haben wir in der Seele alles, was je in Menschenseelen gelebt hat. (DE, 317)

Die Figur des Pistorius gibt damit nahezu lehrbuchhaft C. G. Jungs oben genannte Definition vom kollektiven Unbewussten wider und erweitert gleichzeitig Emils Wissenshorizont um eine wichtige Erkenntnis: Es gibt neben dem persönlichen Unbewussten des einzelnen Menschen, mit dem Sinclair zu diesem Zeitpunkt gerade wieder zu kämpfen hat (vgl. DE, 310), auch noch einen zweiten Teil der menschlichen Psyche, der nicht durch Erfahrung gewonnen, sondern durch Vererbung von Generation zu Generation weitergegeben wird. Pistorius wird so zum „Sprachrohr des Jungschen Diskurses"[159] und „eine Art Psychoanalytiker"[160] für Emil Sinclair, so wie Josef Bernhard Lang es für den Autor Her-

---

[158] Jung, Die Archetypen und das kollektive Unbewußte, S. 55.

[159] Schmidt-Hannisa, Die Kunst der Seele, S. 211.

[160] Ebd. Hans-Walter Schmidt-Hannisa geht in „Die Kunst der Seele. Poetologie und Psychologie des Traums bei Hermann Hesse" darauf ein, dass Pistorius „nach dem Modell von Hesses Analytiker Johann [!] Bernhard Lang" (Schmidt-Hannisa, Die Kunst der Seele, S. 211) gestaltet sei. Auch Beate Petra Kory weist in ihrem Buch „Hermann Hesses Beziehung zur Tiefenpsychologie. Traumliterarische Projekte" auf das Vorbild Dr. Langs für die Pistorius-Figur hin (vgl. Kory, Hesses Beziehung zur Tiefenpsychologie, S. 152). Der Autor Hermann Hesse selbst äußerte in einem Brief, dass Dr. Lang die Vorlage für den Pistorius des „Demian" sei (vgl. Hesse, Briefe, Bd. 2, S. 128f.).

mann Hesse war. Was Emil Sinclair angeht, so muss er nun diesen überpersönlichen Teil der Psyche, um der inneren Vollkommenheit näher kommen zu können, ebenfalls in sein Inneres integrieren. Pistorius, der die geistige Hilfestellung dafür bietet, wird für Emil, neben Demian, zu einem Führer zum ganzheitlichen Selbst. Pistorius ist damit „the spiritual midwife [...] who liberates Sinclair-Hesse from his old self by helping to deliver the new“[161].

Eine weitere wichtige Aufgabe erfüllt der Musiker Pistorius auch als Traumdeuter von Emil Sinclairs Träumen. Dieser, durch die neue Theorie über das kollektive Unbewusste durcheinander geraten, hat – für ihn selbst – seltsame und undeutbare Träume, zu deren Entschlüsselung er die Hilfe eines Außenstehenden benötigt. Pistorius hilft ihm nun dabei, diese Traumbotschaften zu entschlüsseln, zu interpretieren und sie sich bewusst zu machen. Einmal hat Emil einen Traum vom Fliegen, der auf das kollektive Unbewusste hindeutet und den ihm Pistorius interpretieren hilft:

> Häufig erzählten wir auch einander unsere Träume. Pistorius verstand ihnen eine Deutung zu geben. Ein wunderliches Beispiel ist mir eben erinnerlich. Ich hatte einen Traum, in dem ich fliegen konnte, jedoch so, daß ich gewissermaßen von einem großen Schwung durch die Luft geschleudert wurde, dessen ich nicht Herr war. Das Gefühl dieses Fluges war erhebend, ward aber bald zur Angst, als ich mich willenlos in bedenkliche Höhen gerissen sah. Da machte ich die erlösende Entdeckung, daß ich mein Steigen und Fallen durch Anhalten und Strömenlassen des Atems regeln konnte. (DE, 318)

Dieser Traum deutet das „Aufnehmen des Kontaktes zu dem kollektiven Unbewußten“[162] an und stellt die Überwindung von menschlichen Urängsten in Aussicht, wenn mit den Kräften des kollektiven Unbewussten richtig umgegangen wird. Die richtige Umgangsmethode lässt sich jedoch nicht von außen erlernen, sondern muss im eigenen Inneren, das gleichzeitig das Innere aller Menschen ist, erspürt, gefunden und bewusst gemacht werden. Pistorius äußert sich bezüglich der Atemregulation in Sinclairs Traum wie folgt:

> Er [sc. der Atemregulator] ist nicht neu! Er ist eine Anleihe, er existiert seit Jahrtausenden. Er ist das Gleichgewichtsorgan der Fische, die Schwimmblase. Und tatsächlich gibt es ein paar wenige seltsame und konservative Fischarten noch heute, bei denen die Schwimmblase zugleich eine Art Lunge ist und unter Umständen richtig zum Atmen dienen kann. Also haargenau wie die Lunge, die Sie im Traum als Fliegerblase benutzen! (DE, 319)

Der Atemregulator ist ein Anzeichen dafür, dass Sinclair die Idee des kollektiven Unbewussten und die sinnvolle Handhabung dessen bereits in sein Inneres eingefügt hat. Der Atemregulator, der das symbolische Fliegen kontrollierbar macht, ist als „Idee aus dem kollektiven Unbewußten des Träumers aufgestie-

---

[161] Stelzig, Fictions of the self, S. 146.
[162] Kory, Hesses Beziehung zur Tiefenpsychologie, S. 147.

gen"[163]. Bevor Emil die traumdeuterische Unterstützung von Pistorius hatte, verhielt es sich so, dass sich sein durch die neuen Eindrücke wesentlich erweitertes Unbewusstes nicht regulieren ließ, da ihm keine zweite Kraft, die C. G. Jung als *Ich-Bewusstsein*[164] bezeichnet, entgegentrat. Es wird damit auf ein ausgeglichenes Verhältnis zwischen Bewusstsein und Unbewusstem hingewiesen, was wiederum auf die Zielsetzung der Individuation, nämlich die Vereinigung von Gegensätzen, hinweist.

Pistorius, selbst ehemaliger Theologie-Student (vgl. DE, 314), tritt als Mythenforscher und Theologe in Erscheinung, indem er die von Max Demian bereits angeschnittene Abraxas-Lehre wieder aufgreift, damit sich der mit seiner inneren Zerrissenheit kämpfende Sinclair erneut der Bedeutung der seelischen Ganzheit bewusst wird, welche durch den gnostischen Gott Abraxas symbolisiert wird.

Als Emil schließlich erkennen muss, dass er Pistorius als Führer zum Selbst nicht mehr benötigt, da er bereits anfängt, einen solchen in sich selbst zu entdecken (vgl. DE, 331f.), verlässt er ihn und ist zu diesem Zeitpunkt seiner Individuation bereits ein großes Stück näher gekommen. Pistorius bleibt für Emil deshalb nur eine Stufe zur eigenen Selbstfindung, da er zwar ein wichtiger geistig-psychologischer Führer ist, aber keine Symbolisierung des Selbst in seiner vollkommenen Ausprägung, wie im Falle Max Demians. Pistorius ist außerdem nicht in der Lage, die Lehren und Theorien, die er Sinclair näher brachte, selbst in Form der psychischen Ganzheit auszuleben, was für Emil bedeutet, dass er auf seinem Individuationsweg weiterziehen muss. Emil Sinclair beschreibt den (inneren) Abschied von seinem Lehrer Pistorius auf sehr eindrucksvolle Weise:

> Es gab keinen Streit, keine Szene zwischen uns, keinen Bruch und nicht einmal eine Abrechnung. Ich sagte ihm nur ein einziges, eigentlich harmloses Wort – aber es war doch eben der Augenblick, in dem zwischen uns *eine Illusion in farbige Scherben zerfiel* [eig. Hervorh.]. Gedrückt hatte die Vorausahnung mich schon eine Weile, zum deutlichen Gefühl wurde sie eines Sonntags in seiner alten Gelehrtenstube. Wir lagen am Boden vor dem Feuer, und er sprach von Mysterien und Religionsformen, die er studierte, an denen er sann, und deren mögliche Zukunft ihn beschäftigte. Mir aber schien dies alles mehr kurios und interessant als lebenswichtig, es klang mir Gelehrsamkeit, es klang mir müdes Suchen unter Trümmern ehemaliger Welten daraus entgegen. Und mit einem Male spürte ich einen Widerwillen gegen diese ganze Art, gegen diesen Kultus der Mythologien, gegen dieses Mosaikspiel mit überlieferten Glaubensformen. (DE, 331f.)

Indem Emil eine Illusion als „in farbige Scherben" zerfallend beschreibt, umreißt er mit seinen Worten gewissermaßen einen *Anti*-Individuationprozess: ans-

---

[163] Kory, Hesses Beziehung zur Tiefenpsychologie, S. 153.

[164] Jung definiert *Bewusstsein* als „die Bezogenheit psychischer Inhalte auf das Ich, soweit sie als solche vom Ich empfunden werden. Beziehungen zum Ich, soweit sie von diesem nicht empfunden werden sind *unbewußt* [Hervorh. i. Orig.]. Das Bewußtsein ist die Funktion oder Tätigkeit, welche die Beziehung psychischer Inhalte zum Ich unterhält" (Jung, Psychologische Typen, S. 451).

tatt dass sich eine Einheit aus vielen Einzelteilen bildet, zerfällt sie in ihre Bestandteile. Emil ist also jetzt an einem Punkt angekommen, an dem Pistorius seinem Individuationsprozess nur noch hinderlich wäre, was in der Beschreibung einer Illusion, die in farbige Scherben zerfällt, sehr anschaulich zum Ausdruck kommt. Emil muss also seinen Individuationsweg vorerst allein weitergehen und sich einen neue, andere Leitfigur suchen, um die neu kennen gelernten Thesen und Theorien für sich Wirklichkeit werden zu lassen.

4.1.4 Frau Eva und die Darstellung der Urmutter, des Ödipuskomplexes und der Wiedergeburt

Die wohl wichtigste Frauenfigur im „Demian" ist dessen Mutter, Frau Eva. Sie hat den stärksten Symbolbezug und verkörpert mehrere Vorstellungen: Sie ist ein Symbol für die Urmutter, was bereits im Namen Eva – ein Verweis auf die biblische Urmutter Eva – angedeutet wird, ein Symbol für den Ödipuskomplex – das erotische Begehren der eigenen Mutter durch den Knaben – und ein Symbol für Sinclairs eigenes Inneres. Frau Eva ist trotz der Einbettung in reale Umstände – als reiche Witwe und Mutter Max Demians – von vornherein der symbolischen Ebene des „Demian" zugeordnet. Der symbolische Charakter der Figur Frau Eva wird durch bestimmte abstrakte und umschreibende Attribute wie „schön" (DE, 344) oder „ohne Zeit und Alter" (ebd.) verdeutlicht, was auf Zeitlosigkeit, Ewigkeit und eine Besonderheit in der Erscheinung schließen lässt. Frau Eva wird hier, wie auch ihr Sohn Max Demian, in einer Art und Weise beschrieben, dass der Leser den Eindruck erhält, es mit einem sehr seltenen und ungewöhnlichen Menschen zu tun zu haben, der in keinster Weise etwas von Gewöhnlichkeit an sich zu haben scheint. Die durch Frau Eva symbolisierten Inhalte der Urmutter und des Inneren Emil Sinclairs werden durch die Beschreibung „ohne Zeit und Alter" (DE, 344) mit Ewigkeit und Allgemeingültigkeit in Verbindung gebracht. Es existieren keine Begrenzungen, auch nicht durch die Zeit. Emil erkennt in Frau Eva sogleich sein neues weibliches Leitbild: „Dies also war das neue Bild, in dem mein Schicksal sich mir zeigte, nicht mehr streng, nicht mehr vereinsamend, nein, reif und lustvoll." (DE, 345) Für Emil eröffnet sich eine neue Ebene der Führerschaft: diejenige der Lust, Begierde, Erotik und der Weiblichkeit schlechthin. Sinclair betritt nun einen neuen Weg zur inneren Vollkommenheit, weg vom bisherigen geistig-psychologischen, hin zum physisch-erotischen. Indem Emil in Frau Eva ein Bild oder Symbol seines eigenen Schicksals und damit seines Selbst und eigenen Inneren erkennt, erfüllt Frau Eva für Sinclair

> nur die Funktion einer Sinnbildträgerin. Sich einem Symbol seines Schicksals bedingungslos zu verschreiben, ist für ihn die einzig denkbare Form für ‚dauernde' Liebe [...].[165]

---

[165] Seckendorff, Hesses propagandistische Prosa, S. 32.

Frau Eva hat also im Roman „Demian“ eher einen symbolisch-bildhaften als einen realistisch-wirklichen Wert, auch wenn sie in Emil bis dato unbekannte Begierden und erotische Wünsche weckt.

Frau Eva ist die letzte Vorstufe zu Emil Sinclairs vollkommenem und ganzheitlichen Selbst. Wie ihr Name bereits impliziert, ist sie in erster Linie ein Muttersymbol und behandelt Sinclair, als sie ihn kennen lernt, wie einen nach Hause zurückkehrenden Sohn: Sie sind Sinclair. Ich kannte sie gleich. Seien sie willkommen!“ (DE, 344) Hier zeigt sich auch gleich so etwas wie Vertrautheit und Intimität, was eine seelische Nähe zwischen Emil und Frau Eva erkennen lässt. Die Beschreibung „mütterlich“ (DE, 345) deutet an, dass Emil sie als Mutter empfindet. Dies lässt wiederum Bezugspunkte zu C. G. Jungs *Mutterarchetypus* zu, über welchen Jung schreibt:

> [...] es ist nicht bloß die persönliche Mutter, von der alle jene in der Literatur geschilderten Wirkungen auf die kindliche Psyche ausgehen, sondern es ist vielmehr der auf die Mutter projizierte Archetypus, welcher dieser einen mythologischen Hintergrund[166] gibt und ihr damit Autorität, ja Numinosität verleiht.[167]

Wenn man Jungs Ausführungen nun auf die Figur des Emil Sinclair überträgt, so heißt das, dass er eine bestimmte vererbte Muttervorstellung auf Frau Eva überträgt und sie auf diese Weise in die unantastbare Stellung einer vollkommenen Mutter erhebt. Emil selbst sagt über Frau Eva:

> Ich faßte keine Entschlüsse, tat kein Gelübde – ich war an ein Ziel gekommen, an eine hohe Wegstelle, von wo aus der weitere Weg sich weit und herrlich zeigte, Ländern der Verheißung entgegenstrebend, überschattet von Baumwipfeln nahen Glückes, gekühlt von nahen Gärten jener Lust. Mochte es mir gehen, wie es wollte, ich war selig, diese Frau in der Welt zu wissen, ihre Stimme zu trinken und ihre Nähe zu atmen. Mochte sie mir Mutter, Geliebte, Göttin werden – wenn sie nur da war! (DE, 345)

In dieser Empfindungsbeschreibung Sinclairs zeigt sich die Projektion eines glorifizierenden und ‚vergöttlichenden' Archetypus auf Frau Eva, zu erkennen in Emils Bezeichnung als „Göttin“ (DE, 345). Dieses ‚göttliche' Element in Emils Beschreibung von Frau Eva dürfte C. G. Jungs Vorstellung von *Numinosität* entsprechen: Nach Jung ist Numinosität eine nur dem Göttlichen zukommende Eigenschaft und bezeichnet das Geheimnisvolle.[168] In der oben zitierten Passage aus Hesses „Demian“ taucht ein weiteres Attribut in Bezug auf Frau Eva auf:

---

[166] In seinem Buch „Symbole der Wandlung“ geht C. G. Jung auf mythologische Symbole für die Mutter bzw. das Mütterliche ein. So nennt Jung bspw. die Stadt (hier u.a. Jerusalem, Babel und Rom), den Acker oder das Meer als *mütterliche Symbole* in der Mythologie. Vgl. hierzu Jung, Symbole der Wandlung, S. 262ff.

[167] Jung, Die Archetypen und das kollektive Unbewußte, S. 98.

[168] Vgl. Jung, Erinnerungen, Träume, Gedanken, S. 413.

dasjenige der „Geliebte[n]“ (DE, 345). Es zeigt sich an dieser Stelle eine Verknüpfung von Mutterarchetypus und erotischem Begehren der Mutter von Sinclairs Seite, was wiederum Bezüge auf Sigmund Freuds Ödipustheorie erkennen lässt. Freud beschreibt den *Ödipuskomplex* wie folgt:

> Ganz frühzeitig entwickelt es [sc. das männliche Kind] für die Mutter eine Objektbesetzung, die von der Mutterbrust ihren Ausgang nimmt und das vorbildliche Beispiel einer Objektwahl nach dem Anlehnungstypus zeigt; des Vaters bemächtigt sich der Knabe durch Identifizierung. Die beiden Beziehungen gehen eine Weile nebeneinander her, bis durch die Verstärkung der sexuellen Wünsche nach der Mutter und die Wahrnehmung, daß der Vater diesen Wünschen ein Hindernis ist, der Ödipuskomplex entsteht.[169]

Auch Emil Sinclair empfindet für Frau Eva, die für ihn die Rolle einer (geistigen) Mutter spielt, mehr als bloße Zuneigung: „Zuzeiten wurde ich unzufrieden und von Begehren gequält. Ich meinte, es nicht mehr ertragen zu können, sie neben mir zu sehen, ohne sie in die Arme zu schließen.“ (DE, 351). Diese deutliche Anspielung auf die Freudsche Psychoanalyse und ihre Auseinandersetzung mit dem Ödipusphänomen zeigt sich bereits an zwei vorangegangenen Textstellen im „Demian“. Ein ödipales Motiv taucht erstmals auf, als Sinclair noch mit seinem Erpresser Franz Kromer zu tun hat und ihm daraus ein Alptraum erwächst:

> Der furchtbarste dieser Träume, aus dem ich halb wahnsinnig erwachte, enthielt einen Mordanfall auf meinen Vater. Kromer schliff ein Messer und gab es mir in die Hand, wir standen hinter den Bäumen einer Allee und lauerten auf jemand, ich wußte nicht auf wen; aber als jemand daherkam und Kromer mir durch ein Druck auf meinen Arm sagte, der sei es, den ich erstechen müsse, da war es mein Vater. Da erwachte ich. (DE, 259)

Dieser Traum, der den Mord an Emil Sinclairs eigenem Vater thematisiert, spiegelt ebenfalls einen wichtigen Kernpunkt von Freuds Ödipustheorie wider, den Freud so erläutert: „Die Vateridentifizierung nimmt nun eine feindselige Tönung an, sie wendet sich zum Wunsch, den Vater zu beseitigen, um ihn bei der Mutter zu ersetzen.“[170] Nach Sigmund Freud gibt Sinclairs Traum dessen unbewussten Wunsch nach der Beseitigung des Vaters durch Mord wider, um dessen Platz an der Seite seiner Mutter einzunehmen. Es muss demnach bereits vor der Begegnung Emils mit Frau Eva eine unbewusste und erotisch gefärbte Anbindung an seine leibliche Mutter gegeben haben.

Die zweite Textstelle im „Demian“ weist – ebenfalls vor der Begegnung mit Demians Mutter – ödipale Züge auf, nämlich als Emil einen weiteren, ihm diesmal angenehmen Traum beschreibt:

---

[169] Freud, Psychologie des Unbewußten, S. 299.
[170] Freud, Psychologie des Unbewußten, S. 299.

> Unter allen meinen Träumen war jener dunkle Liebestraum der treueste. Oft, oft habe ich ihn geträumt, trat unter dem Wappenvogel in unser altes Haus, wollte die Mutter an mich ziehen und hielt statt ihrer das große, halb männliche, halb mütterliche Weib umfaßt, vor der ich Furcht hatte und zu der mich doch das glühendste Verlangen zog. (DE, 320)

Dieser Traum zeigt das Charakteristikum, dass das angedeutete Inzestmotiv nicht in die Tat umgesetzt wird und die eigene Mutter durch ein anderes, wiederum hermaphroditisches weibliches Wesen ersetzt wird. Bereits in diesem Traum erfolgt eine Versagung der sexuellen Erfüllung durch die Mutter, die, wie um die Brisanz des potenziellen Inzests zu entschärfen, durch eine andere, halb männliche, halb weibliche Person substituiert wird. In diesem Traum Sinclairs wird erneut auf das Ziel des Individuationsprozesses hingedeutet: die Vereinigung von Gegensätzen. Es zeigt sich in diesem Traum aber noch etwas: Emil Sinclairs Zerrissenheit zwischen Begierde und der gleichzeitigen Angst davor. Emil ist an diesem Punkt noch nicht so weit, seine unbewussten (erotischen) Wünsche, Begierden und Triebe in seine Psyche zu integrieren und sie sich bewusst zu machen. Daher verursachen sie bei ihm Angst und den Wunsch nach ihrer Verdrängung, was aber nicht sehr effektiv ist, da sich seine Begierden in seinen Träumen ein Sprachrohr geschaffen haben und sich auf diese Weise regelmäßig bemerkbar machen. Auch Frau Eva verweigert Sinclair die erhoffte sexuelle Erfüllung, verweist aber darauf, dass sie „gewonnen" (DE, 352) werden wolle und keine Geschenke gebe (vgl. ebd.). Frau Eva macht Emil klar, dass sie ihm nicht etwas geben kann, was er nur sich selbst geben kann und verdeutlicht damit, dass Emil gar nicht sie *als Person* liebt, sondern sie als *Symbol für den weiblichen Teil seiner Psyche*. Diesen weiblichen Teil muss Emil aber zuerst akzeptieren und in sein Selbst einfügen lernen, damit er zu einer psychischen Ganzheit gelangen kann. Es zeigt sich, dass Frau Eva in Wirklichkeit ein Bild in Sinclairs Innerem ist und damit ein Teil seiner selbst. Es handelt sich im Sinne Freuds um eine Form der Identifikation: Indem sich Emil mit Frau Eva, seiner (geistigen) Mutter und seinem inneren Sinnbild, der Jungschen *Anima*, identifiziert, wird das ödipale Begehren abgewendet und es kommt nicht zur inzestuösen Mutter-Sohn-Beziehung. Nach Freud wird das sexuelle Verlangen nach der Mutter unter normalen Umständen aufgegeben, wenn es zur Identifikation entweder mit der Mutter oder dem Vater kommt:

> Bei der Zertrümmerung des Ödipuskomplexes muß die Objektbesetzung der Mutter aufgegeben werden. An ihre Stelle kann zweierlei treten, entweder eine Identifizierung mit der Mutter oder eine Verstärkung der Vateridentifizierung. Den letzteren Ausgang pflegen wir als den normaleren anzusehen, er gestattet es, die zärtliche Beziehung zur Mutter in gewissem Maße festzuhalten. Durch den Untergang des Ödipuskomplexes hätte so die Männlichkeit im Charakter des Knaben eine Festigung erfahren. In ganz analoger Weise kann die Ödipuseinstellung des kleinen Mädchens in eine Verstärkung ihrer Mutteridentifizierung (oder in die Hers-

tellung einer solchen) auslaufen, die den weiblichen Charakter des Kindes festlegt.[171]

Eine Erfüllung seiner erotischen Begierden seitens seiner Mutter bleibt Emil also versagt. An die Stelle der erotischen Erfüllung tritt hier im „Demian“ ein weiteres psychologisches Moment: das der Wiedergeburt.

Indem Emil auf Frau Eva trifft und in ihr seine geistige Mutter erblickt, wird gleichzeitig Emils Wiedergeburtserlebnis während des Ersten Weltkriegs[172] angedeutet. Emil Sinclair erhält durch die Begegnung mit der Mutter, die hier archetypischen Charakter besitzt, die endgültige psychische wie intellektuelle Reife für eine innere Wiedergeburt. Emil ist jetzt um den weiblichen und sinnlichen Teil seines Selbst reicher. Als sich Emil in Erwartung der Erfüllung seiner erotischen Wünsche Frau Eva herbeisehnt, erscheint ihr Sohn Max Demian und bringt die Nachricht vom Kriegsausbruch (vgl. DE, 359f.). Als Sinclair während des Krieges Wache halten muss, kommt es zu einer geistigen Wiedergeburt, die Emil erkennen lässt, dass er ab jetzt weder auf Demian noch auf Frau Eva angewiesen ist um sich selbst zu finden. Während dieses Wiedergeburtserlebnisses hat Emil eine Vision, in der er auch Frau Eva wieder sieht:

> In den Wolken war eine große Stadt zu sehen, aus der strömten Millionen von Menschen hervor, die verbreiteten sich in Schwärmen über weite Landschaften. Mitten unter sie trat eine mächtige Göttergestalt, funkelnde Sterne im Haar, groß wie ein Gebirge, mit den Zügen der Frau Eva. In sie hinein verschwanden die Züge der Menschen, wie eine riesige Höhle, und waren weg. (DE, 363)

Unmittelbar darauf wird Emil Sinclair von einer Granate lebensgefährlich verletzt, was ihn in ein Lazarett bringt und erneut mit Max Demian zusammentreffen lässt. In Emils oben zitierter Vision schimmern deutlich die Verbindung von Göttlichkeit und Mütterlichkeit (Darstellung der ‚Urmutter' Frau Eva als Göttin) sowie deren archetypisch-kollektiver Charakter hindurch: Menschen*schwärme* gehen in jene mütterlich-göttliche Gestalt hinein und verschwinden in ihr. Nach Jung ist es das Bildnis der Vorstellung im kollektiven Unbewussten von der archetypischen Mutter aller Menschen, die diese in sich aufnimmt. Auch ähnelt diese Beschreibung der Vereinigung der zersplitterten Einzelteile der Psyche (Menschenschwärme) zu einem ganzen und vollkommenen Selbst (Göttergestalt, die diese Menschenschwärme in sich aufnimmt). Damit erlebt Emil die Ganzwerdung seines Selbst in visionärer Form, was verdeutlichen soll, dass sich Emil jetzt am Endpunkt seines Individuationsprozesses befindet. Emils Vision von der mächtigen Göttergestalt, welche Frau Eva ähnelt, führt zu seiner geistig-

---

171 Freud, Psychologie des Unbewußten, S. 299f.

172 Zur Bedeutung des Ersten Weltkriegs für Hermann Hesse und sein Werk vgl. Ziolkowski, Spiegel der gestörten Psyche. Theodore Ziolkowski schreibt bezüglich des „Demian“-Romans, dass es sich im „Demian“ um „die Jugend einer ganzen Generation junger Deutscher, die mit Begeisterung in den Krieg gingen, um wie Demian zu sterben oder wie Sinclair zu überleben“ (Ziolkowski, Spiegel der gestörten Psyche, S. 224) handle.

psychischen Wiedergeburt, die ihm das Erlangen eines eigenen, vollständigen und ganzheitlichen Selbst ermöglicht. Nach C. G. Jung ist Wiedergeburt im Sinne einer *renovatio* „die Wiedergeburt innerhalb der individuellen Lebensdauer“[173] zwecks „Erneuerung oder gar der Verbesserung durch magische Bewirkung“[174]. In Emil Sinclairs Fall dürfte es

> eine Erneuerung ohne Wesensänderung [sein], insofern die Persönlichkeit, die erneuert wird, nicht in ihrem Wesen geändert wird, sondern nur Funktionen, Teile der Persönlichkeit, einer Heilung, Stärkung oder Verbesserung unterzogen werden.[175]

Emil erlebt diese Wiedergeburt auf der geistig-seelischen Ebene, die dann zur Ganzheit des Selbst führt. Auch bei Emil sind es stets einzelne Teile seiner Persönlichkeit, die verändert und verbessert werden, so dass diese Ganzheit des Selbst entstehen kann.

Abschließend bleibt zu sagen, dass die Romanfigur der Frau Eva archetypische Züge aufweist und sowohl im Sinne Freuds als auch im Sinne C.G. Jungs interpretiert werden kann. Die Theorien beider Analytiker dürften auf den Autor Hermann Hesse bei der Konzeption dieser Figur eingewirkt haben. Frau Eva zeigt deutliche Bezüge auf Carl Gustav Jungs *Mutter-Archetypus* und löst bei Sinclair ödipale Begierden aus, was auf Sigmund Freuds Theorie vom *Ödipuskomplex* schließen lässt. Frau Evas Verweigerung der Erfüllung von Emils erotischem Verlangen nach ihr führt ihn in die Endphase seines Individuationsprozesses, die sich in einem Wiedergeburtserlebnis in visionärer Form äußert. Diese Vision lässt Emil Sinclair erkennen, dass er in seinem Inneren nun jene psychische Ganzheit erreicht hat, die ihn von Führerfiguren wie Frau Eva und auch Max Demian endgültig unabhängig macht. Frau Eva ist, ähnlich wie Demian und Beatrice, ein Symbol für einen Teilbereich von Sinclairs Psyche, nämlich den weiblichen, und sie ist die letzte Vorbereitung auf das endgültige ‚Erweckungserlebnis’ Emils während des Ersten Weltkriegs.

4.1.5 Die Gottheit Abraxas als Symbol für Ganzheit und Neubeginn

Der gnostische Gott Abraxas symbolisiert in Hesses „Demian“ das vollständige und ganzgewordene Selbst, das Gut und Böse, Licht- und Schattenseiten in sich vereinigt. Er stellt damit in symbolisch-bildlicher Form das Ziel des psychischen Individuationsprozesses dar. Emil kommt mit dieser gnostischen Gottheit erstmals durch einen Zettel, den er in einem seiner Schulbücher vorfindet, in Berührung. Auf diesem Zettel steht geschrieben: „Der Vogel kämpft sich aus dem Ei. Das Ei ist die Welt. Wer geboren werden will, muß eine Welt zerstören. Der

---

[173] Jung, Die Archetypen und das kollektive Unbewußte, S. 129.
[174] Ebd.
[175] Ebd.

Vogel fliegt zu Gott. Der Gott heißt Abraxas." (DE, 305) Als Emil Sinclair in der kurz darauf folgenden Unterrichtsstunde über diese geheimnisvolle Botschaft nachdenkt, erklärt der Lehrer:

> Aber auch die Magie hatte eine edle Herkunft und tiefe Gedanken. So die Lehre von Abraxas, die ich vorhin als Beispiel anführte. Man nennt diesen Namen in Verbindung mit griechischen Zauberformeln [...]. Es scheint aber, daß Abraxas viel mehr bedeutet. Wir können uns den Namen etwa denken als den einer Gottheit, welche die symbolische Aufgabe hatte, das Göttliche und das Teuflische zu vereinigen. (DE, 306)

Emil entsinnt sich danach eines Gesprächs mit Max Demian, in dem dieser geäußert hatte, dass der (christlich-jüdische) Gott, den man gemeinhin verehrt, lediglich eine Hälfte der Welt darstelle, nämlich „die offizielle, erlaubte ‚lichte' Welt" (DE, 307). Die Gottheit Abraxas dagegen vereint lichte und dunkle Seiten in sich und ist Gott und Teufel zugleich.

Abraxas stellt eine gnostische Gottheit dar, deren „undeutliche[r], unverständliche[r], geheimnisvoll klingende[r] Name"[176] für den Zahlenwert 365 steht und der ein „einheitliches Ganzes"[177] symbolisiert. Die Zahl 365, die sich aus dem Zahlenwert der griechischen Buchstaben ergibt, steht einerseits für die Tage des Jahres und dafür, dass der Gott Abraxas 365 Götter beherrscht, von denen jeder wiederum 365 Tugenden für jeden der Tage besitzt.[178] Dies ist ein Hinweis auf die Vereinigung vieler, hier von 365, Teileinheiten in einer großen Gesamteinheit. Ein Kalenderjahr umfasst als Großeinheit 365 Tage als einzelne Teileinheiten. Somit ist Abraxas „the figure which overcomes dualism and symbolises the wholeness of the soul, the end of schizophrenia."[179] Abraxas ist somit ein Symbol für die Zusammenfassung des göttlichen und des teuflischen Prinzips.

Auch C. G. Jung befasste sich mit jener gnostischen Gottheit, was sich in den 1916 niedergeschriebenen „Septem Sermones ad Mortuos" niederschlug, die allerdings erst 1962 im Buch „Erinnerungen, Träume, Gedanken" veröffentlicht wurden und dabei nicht in die „Gesammelten Werke" aufgenommen wurden, da man sich um den wissenschaftlichen Ruf C. G. Jungs besorgt sah.[180] Die „Septem Sermones ad Mortuos" wurden unter dem Namen des Gnostikers Basilides[181] veröffentlicht, der zu Beginn des 2. Jahrhunderts nach Christus lebte. In den „Septem Sermones" heißt es über Abraxas:

---

[176] Schultz, Dokumente der Gnosis, S. 256.

[177] Knapp, Abraxas, S. 179.

[178] Vgl. ebd., S. 185.

[179] Quispel, Hermann Hesse and Gnosis, S. 500.

[180] Vgl. ebd., S. 498: „Some people thought, that it would do harm to Jung's scholarly reputation if it became known that he had revelled in Gnostic lore."

[181] Basilides war der erste wichtige Vertreter einer christlichen Gnosis, der sich auch bewusst als ein Theologe des gnostischen Glaubens verstand. Seine Lebensdaten sind weitgehend unbekannt, fest steht aber, dass er unter den Kaisern Hadrian und Antoninus wirkte (117–161). Bis auf einige Fragmente ist von seinem literarischen Werk kaum etwas überliefert. Zu diesem wenigen Überlieferten zählt etwa die gnostische Auslegung der kirchlichen

> Dies ist ein Gott, von dem ihr nicht wußtet, denn die Menschen vergaßen ihn. Wir nennen ihn mit seinem Namen *Abraxas* [Hervorh. i. Orig.]. Er ist noch unbestimmter als Gott und Teufel.[182]

Der Gott Abraxas ist deshalb so schwer bestimmbar, da er weder eindeutig dem Guten noch eindeutig dem Bösen zuzurechnen ist; bei Gott und Teufel sind die Wirkungsbereiche scharf umrissen, bei Abraxas dagegen sind sie miteinander vermischt, was daher rührt, dass dieser gnostische Gott die göttliche und die satanische Sphäre in sich vereint.[183] Im Gnostizismus glaubte man auch an die Existenz zweier Götter, an die eines Schöpfergottes im Sinne des Alten Testamentes (*Demiurg* genannt) und an einen zweiten umso mächtigeren Gott, der unendlich, undifferenziert und ohne konkret dem Guten oder Bösen zuordenbaren Eigenschaften ist.[184] Abraxas war für die Gnostiker jener zweite Gott. Auch die Figur des Max Demian weist auf die Unterschiede zwischen dem christlichen Gott und der gnostischen Gottheit Abraxas hin:

> [...] hier ist einer von den Punkten, wo man den Mangel in dieser [sc. christlichen] Religion sehr deutlich sehen kann. Es handelt sich darum, daß dieser ganze Gott, alten und neuen Bundes, zwar eine ausgezeichnete Figur ist, aber nicht das, was er doch eigentlich vorstellen soll. Er ist das Gute, das Edle, das Väterliche, das Schöne und auch Hohe, das Sentimentale – ganz recht! Aber die Welt besteht auch aus anderem. (DE, 281)

In dieser Textpassage tritt eine deutliche Kritik an der christlichen Gottesauffassung zutage, die als zu eng und einseitig auf die positiven Aspekte der Welt ausgerichtet empfunden wird. Es muss, laut Demian, auch eine Aufnahme der negativen Aspekte des Lebens in die Religion stattfinden. Das könne entweder in Form eines Teufelsdienstes oder aber durch Erschaffen eines neuen, allumfassenden Gottes geschehen:

> Aber ich meine, wir sollen alles verehren und heilig halten, die ganze Welt, nicht bloß diese künstlich abgetrennte, offizielle Hälfte! Also müssen wir dann neben dem Gottesdienst auch einen Teufelsdienst haben. Das fände ich richtig. Oder aber, man müßte sich einen Gott schaffen, der auch den Teufel in sich einschließt, und vor dem man nicht die Augen zudrücken muß, wenn die natürlichsten Dinge von der Welt geschehen. (DE, 281)

Evangelien in 24 Büchern. Vgl. zu Basilides: Rudolph, Die Gnosis, S. 179f. und S. 333–337.

182 Jung, Erinnerungen, Träume, Gedanken, S. 392.

183 Siehe dazu: Quispel, Hermann Hesse and Gnosis, S. 497: „It proclaims the discovery of a new God, Abraxas, the origin of good and evil." Abraxas ist „a symbol unifying the divine and the satanic." (Ebd.)

184 Vgl. Knapp, Abraxas, S. 180.

Somit lässt sich festhalten, dass der Gott Abraxas im „Demian" eine Ergänzung der christlichen Gottesauffassung um das Böse oder den Schatten darstellt, was ebenso gewichtig und einflussreich wie das Gute und Edle ist. Ebenso soll es im Bereich der Seele vorgehen: Es muss neben dem Guten und moralisch Tragbaren auch das Amoralische und Unangenehme geben und dieses muss als ein eigenständiger Teil der Psyche verstanden werden. Dann, und nur dann, kann eine Ganzwerdung durch innere Vervollkommnung erfolgen.

Die Lehre von Abraxas, „who is God and the devil at the same time"[185] stellt auch die Existenz Christi in Frage: Jesus Christus wäre, aus diesem Blickwinkel betrachtet, nur eine von Abraxas auf die Welt geschickte Erscheinung ohne eigenen religiösen Stellenwert.[186] Die Lehre von Abraxas verhält sich in mehreren Punkten geradezu konträr zum christlichen Glauben: die Annahme eines allumfassenden Gottes neben einem zweiten, so genannten Schöpfergott, welcher als „Demiurg"[187] bezeichnet wird, die Akzeptanz von Sünde und allem Teuflischen sowie deren Aufnahme in die religiöse Weltsicht und Lehre und schließlich die Degradierung Christi zu einer uneigenständigen, von Abraxas abhängigen Erscheinung.

Es lässt sich feststellen, dass sich in Abraxas positive wie negative Lebensaspekte vereint finden, was im „Demian" mit einer scharfen Kritik am christlichen Glauben einhergeht, da dieser als auf das Gute und Edle beschränkt angesehen wird. Im „Demian"-Roman geht es um das Ziel, eine beträchtliche Erweiterung der Weltsicht zu erfahren, indem die unangenehme und dunkle Seite des Lebens anerkannt und bewusst gemacht wird. Dieser religiöse Hintergrund wird im „Demian" nun auf die psychische Konstitution übertragen und als Erlangung einer seelischen Ganzheit zum allgemeinen Individuationsziel erhoben. Der gnostische Gott Abraxas symbolisiert diese zu erreichende seelische Totalität aus religiöser Sicht heraus, genau wie die Figur des Max Demian.

4.1.6 Das Kainsmotiv und die Akzeptanz des Bösen

Das Kainsmotiv stellt im „Demian", ähnlich wie die Lehre vom gnostischen Gott Abraxas, eine zumindest partielle Ablehnung der christlichen Lehre und der Auslegung biblischer Erzählungen dar. Auch das Kainsmotiv hat hier im „Demian" eine psychoanalytische Bedeutung, wie sich herausstellen wird.

Kain, der erste Sohn Adam und Evas, erschlägt seinen Bruder Abel nachdem Gott oder Jahwe seine Opfergabe nicht angenommen hatte:

---

[185] Serrano, C. G. Jung and Hermann Hesse, S. 6. Vgl. auch Donovan, Gnosticism in modern literature, S. 303: „Demian offered instead Abraxas who was a deity who subsumed both sides of life within himself, who reconciled the opposites of life into a total unity. He is a godhead who unites god and the devil."

[186] Vgl. Knapp, Abraxas, S. 180.

[187] Ebd.

> Es begab sich aber nach geraumer Zeit, dass Kain von den Früchten des Ackers dem Herrn ein Opfer brachte. Und auch Abel brachte von den Erstlingen seiner Schafe dar und von ihrem Fette. Und der Herr sah wohlgefällig auf Abel und sein Opfer, auf Kain aber und sein Opfer sah er nicht. Da ergrimmte Kain gar sehr und blickte finster. [...] Darauf sprach Kain zu seinem Bruder Abel: Lass uns aufs Feld gehen! Und als sie auf dem Felde waren, erhob sich Kain wider seinen Bruder Abel und schlug ihn tot (1. Mose, 4: 3–8).[188]

Jahwe versieht Kain darauf mit einem Zeichen, damit ihm niemand etwas zuleide tue (1. Mose, 4: 15). Max Demian interpretiert diese Bibelstelle nun grundlegend anders, so, dass nicht – wie in der traditionellen christlichen Lehre – Abel der Gute und das Opfer und Kain der Böse und der Totschläger ist, sondern, dass Kain in jenem von Gott empfangenen Zeichen eine Art der Auszeichnung erhalten hat, die ihn von allen anderen Menschen unterscheidet und ihn aus der Menschenmenge heraushebt:

> Es war da ein Mann, der hatte etwas im Gesicht, was den andern Angst machte. Sie wagten nicht, ihn anzurühren, er imponierte ihnen, er und seine Kinder. Vielleicht, oder sicher, war es aber nicht wirklich ein Zeichen auf der Stirn, so wie ein Poststempel, so grob geht es im Leben selten zu. Viel eher war es etwas kaum wahrnehmbares Unheimliches, ein wenig mehr Geist und Kühnheit im Blick, als die Leute gewohnt waren. Dieser Mann hatte Macht, vor diesem Mann scheute man sich. [...] Also erklärte man das Zeichen nicht als das, was es war, als eine Auszeichnung, sondern als das Gegenteil. [...] Leute mit Mut und Charakter sind den anderen immer sehr unheimlich (DE, 255).

Für Demian ist Kain ein „famoser Kerl“ (DE, 256), um den sich Gerüchte rankten, weil er nicht in die Welt der anderen, der ‚Normalen‘, hineinpasste. Kain und dessen Kinder seien „anders […] als die meisten Leute“ (ebd.) gewesen, was ihnen einen schlechten Ruf eingebracht hätte. Für Emil Sinclair sind Max Demians Äußerungen anfangs „absurd, […] gotteslästerlich und ruchlos“ (ebd.), was den Verdrängungsvorgang in Emils Psyche anschaulich darstellt. Emil versucht zu Beginn seines Individuationsprozesses mit aller Energie, Demians Neuinterpretation der Kain-und-Abel-Geschichte abzuwehren und zu verdrängen. Demian möchte, indem er die Geschichte von Kain und Abel entscheidend anders interpretiert, Sinclair klarmachen, dass man das Böse, oder hier den Bösen, nicht vorbehaltlos als solchen ansehen und verdammen soll. Demian plädiert dafür, dass man sich seine eigenen Gedanken zu dieser Geschichte machen soll, ohne sich von allgemeinen Deutungen und kirchlichen Interpretationsvorschriften beeinflussen zu lassen. Demian beabsichtigt mit dieser Äußerung, Emil zu zeigen, dass man auch den ‚inneren‘ Kain in sich annehmen und in sein Selbst integrieren muss, um zu einer Ausgeglichenheit der Psyche gelangen zu können. Indem man den vermeintlich schlechten Kain in sich selbst akzeptiert, hat man gleichzeitig die Möglichkeit, innerlich ‚ganz‘ zu werden. Diese neue Kain-

---

[188] Die heilige Schrift, 1980, S. 4.

Interpretation Demians ist eine der ersten Lektionen auf Emils Weg zur psychischen Individuation. Emil Sinclair hält jedoch noch an der traditionellen Interpretationsart fest, und versucht, Kain als den Bösen aus seinem Bewusstsein zu verdrängen (vgl. DE, 256). Auch gemäß der Gnosis soll Gott erst durch persönliche Erkenntnis und Erfahrung angenommen werden und nicht aufgrund kirchlicher Vorschriften. Emil Sinclair muss auch allmählich erkennen, dass es keinen Sinn macht, die Kain-Seite seiner Persönlichkeit zu unterdrücken und zu verdrängen. Je mehr Zeit vergeht und je älter und erfahrungsreicher Emil wird, desto mehr akzeptiert er sowohl die helle als auch die dunkle Seite seines Selbst und findet schließlich zur lange gesuchten inneren Ganzheit (vgl. DE, 364).

Die Kainsgeschichte im „Demian" läuft also psychologisch darauf hinaus, die dunkle und von der christlich geprägten Gesellschaft verachtete, unsittliche Seite der Persönlichkeit für sich selbst, durch eigene Erfahrung – wie bei Sinclair mit Franz Kromer – zu akzeptieren und sich ins Bewusstsein zu rufen. Nur durch die Akzeptanz *beider* Seiten des Selbst kann zu innerer Harmonie, Ganzheit und Vollkommenheit, so, wie durch den gnostischen Gott Abraxas symbolisiert, gelangt werden.

4.1.7 Das Vogelmotiv als Verkörperung der Libido

Das Vogelmotiv taucht bereits bei der ersten Begegnung Emils mit Demian auf, als dieser Emil nach dem Wappen über der Haustüre seiner Familie fragt. Auf diesem Wappen ist ein Vogel abgebildet, den Demian als Sperber deutet (vgl. DE, 254). Entscheidend ist aber die Stelle, als Emil Sinclair einen Zettel mit folgenden Sätzen darauf in einem Lehrbuch findet: „Der Vogel kämpft sich aus dem Ei. Das Ei ist die Welt. Wer geboren werden will muß eine Welt zerstören. Der Vogel fliegt zu Gott. Der Gott heißt Abraxas." (DE, 305) Hier ist einerseits von der Zerstörung „einer Welt" und andererseits von einer Geburt die Rede, was im ersten Augenblick widersprüchlich anmuten mag. Es scheint hier also um eine (innere) Geburt zu gehen, die mit der Vernichtung einer (bisherigen) Welt einhergeht.

Um sich dem oben genannten Zitat interpretatorisch anzunähern, ist es sinnvoll, sich erneut mit Freuds Psychoanalyse, speziell mit seiner *Libidotheorie* zu befassen. *Libido* ist für Freud

> eine[] quantitativ veränderliche[] Kraft, welche Vorgänge und Umsetzungen auf dem Gebiete der Sexualerregung messen könnte. Diese Libido sondern wir von der Energie, die den seelischen Prozessen allgemein unterzulegen ist, mit Beziehung auf ihren besonderen Ursprung und verleihen ihr so auch einen qualitativen Charakter.[189]

[189] Freud, Sexualleben, S. 121.

Sigmund Freud bezeichnet also mit dem Terminus *Libido* die sexuellen Antriebskräfte. Indem die Psychoanalyse Freuds einen Zusammenhang zwischen Energie, Trieb und Sexualität herstellt, rückt die Libido in die Nähe des ‚Dunklen' und Schattenhaften in Abgrenzung zu Sittlichkeit, Reinheit, Helligkeit und Keuschheit. Diese sexuell motivierte Energie lässt sich mit dem Teil der Psyche identifizieren, der in Sinclairs heimischem Milieu nicht vorkommt (bzw. nicht vorkommen *darf*) und als ‚unsauber' verdrängt wird, da es im pietistisch geprägten Sinclairschen Haushalt nur „milde[n] Glanz, Klarheit und Sauberkeit" (DE, 237) gibt. Dieser Teil der Psyche erweist sich bei Emil aber als mindestens genauso stark und unverdrängbar, wie der ‚gute' und helle Teil seiner Seele. Es ist nun seine Aufgabe, sich diesen anderen, die Sexualität und die Triebe umfassenden Seelenteil ebenfalls bewusst zu machen und als Teil seines Selbst zu akzeptieren.

Sigmund Freud hat sich in seiner Abhandlung „Eine Kindheitserinnerung des Leonardo da Vinci" explizit mit dem Vogelmotiv, genauer einem Geier-Motiv, auseinandergesetzt. Es geht hier um die Erzählung da Vincis über einen Geier, der zu ihm an die Wiege (er war laut dieser Geschichte zu dieser Zeit im Säuglingsalter) gekommen sei und ihm mit dem Schwanz den Mund geöffnet und viele Male mit diesem gegen seine Lippen gestoßen habe.[190] Aus der Erzählung geht nicht genau hervor, ob es sich bei Leonardo da Vincis Kindheitserinnerung um ein tatsächliches Erlebnis oder um einen Traum handelt, der ihm bloß als reales Erlebnis vorkam. Eindeutig ist aber die Beziehung des Geiervogels zum Bereich der Erotik und Sexualität. Freud schreibt:

> Wenn wir aber die Geierphantasie Leonardos mit dem Auge des Psychoanalytikers betrachten, so erscheint sie uns nicht lange fremdartig; [...] Die Übersetzung [sc. der Geierphantasie] zielt dann aufs Erotische. Schwanz [...] ist eines der bekanntesten Symbole und Ersatzbezeichnungen des männlichen Gliedes, im Italienischen nicht minder als in anderen Sprachen; die in der Phantasie enthaltene Situation, daß ein Geier den Mund des Kindes öffnet und mit dem Schwanz tüchtig darin herumarbeitet, entspricht der Vorstellung einer Fellatio, eines sexuellen Aktes, bei dem das Glied in den Mund der gebrauchten Person eingeführt wird.[191]

Freud interpretiert den Geier aus da Vincis Erzählung folglich als den aktiven Part beim Geschlechtsakt. In diesem Zitat zeigt sich die Verbindung des Vogels zur Sexualität und insbesondere zum Geschlechtsverkehr sehr deutlich. In Anlehnung an diese Freudsche Interpretationsweise von Leonardo da Vincis Geiererzählung lässt sich auch in Hermann Hesses „Demian" eine Verbindung von sexuellem Akt und Vogel feststellen: Im Zusammenhang mit der geheimnisvollen Botschaft auf dem Zettel, welcher in Emils Schulbuch lag (vgl. DE, 305), ist der Vogel mit der Freudschen Libido gleichzusetzen, die sich mühevoll von der Welt der vorgeschriebenen Moral und Sittlichkeit (wie in Emils Elternhaus) befreien muss. Diese Libido muss Emil Sinclair innerlich akzeptieren lernen, ans-

---

[190] Vgl. Freud, Bildende Kunst und Literatur, S. 109.
[191] Ebd., S. 112.

tatt sie verdrängen zu wollen. Akzeptiert er den triebhaften und erotischen Teil seiner Psyche, so steht der inneren Vollkommenheit nichts mehr im Wege und der Vogel kann in Richtung Abraxas, der für Vollständigkeit und Ganzheit steht, fliegen. Ohne diese Hinzufügung des triebhaften und sexuell orientierten Teils der Psyche würde Emils Inneres lediglich einseitig geistig-abstrakt gestaltet sein, da Erotik und Sexualität auch für Körper(-lichkeit) und Sinne bzw. Sinnlichkeit stehen. Und indem Emil diesen sinnlich-physischen Teil des Selbst annimmt und in sein übriges (geistiges) Selbst integriert, entsteht ein Geist-Körper-Dualismus, der eine innere Ausgewogenheit herstellt und zur seelischen Ganzheit, für die auch Abraxas steht, führt.

Auch Carl Gustav Jung befasste sich mit dem *Libido*begriff und wollte diesen, im Unterschied zu Sigmund Freud, nicht als eine auf sexuelle Kräfte beschränkte Energie verstanden wissen, sondern als „ein Verlangen oder einen Impuls, welcher durch keine moralische oder sonstige Instanz gehemmt ist“[192]. Jung ist um eine Erweiterung des Libidobegriffes bemüht und definiert das Wesen der *Libido* demzufolge so:

> Entwicklungsgeschichtlich sind es die körperlichen Bedürfnisse wie Hunger, Durst, Schlaf, Sexualität, und die emotionalen Zustände, die Affekte, welche das Wesen der Libido ausmachen. Alle diese Faktoren besitzen ihre Differenzierungen und feinsten Verästelungen in der hochkomplizierten menschlichen Psyche.[193]

Jung hält Freud in diesem Zusammenhang eine „Aufblähung des Sexualitätsbegriffes“[194] vor. Für die Interpretation des Romans „Demian“ wird jedoch die Freudsche Libidotheorie vorgezogen, da im Falle der Romanfigur Emil Sinclair die Verdrängung speziell sexuell-erotischer Bedürfnisse und Triebe nahe liegender erscheint, zumal diese bei Emils Begegnung mit Demians Mutter, Frau Eva, in Form ödipaler Begierden – übrigens auch ein augenscheinlicher Hinweis auf Freuds Psychoanalyse – erneut und besonders heftig aufflammen. Die ödipal gefärbten Phantasien Emil Sinclairs, z.B. das Vatermordmotiv in einem seiner Träume (vgl. DE, 259), verweisen mehr als deutlich auf Freudsche Gedanken und Theorien (hier bspw. auf den *Ödipuskomplex*). Aufgrund dessen schließt sich die Verfasserin für die Interpretation des „Demian“ und besonders für die des Vogelmotivs der Freudschen Libidotheorie an. Hinzu kommt, dass sich Sigmund Freud, wie bereits weiter oben erwähnt, intensiv mit dem Vogel- bzw. Geiersymbol in seiner Abhandlung „Eine Kindheitserinnerung des Leonardo da Vinci“ auseinandergesetzt hat. Freuds Interpretation erscheint auch für den Hesseschen „Demian“ schlüssig, da der Protagonist Emil Sinclair seine sexuellen Begierden annehmen und akzeptieren muss, um eine seelische Ganzwerdung

---

192 Jung, Symbole der Wandlung, S. 173f.

193 Ebd., S. 174.

194 Ebd., S. 173.

zu erfahren, die es ihm ermöglicht, sich von seinen ödipalen Phantasien (vor allem in Bezug auf Frau Eva) zu befreien.

Es bleibt festzuhalten, dass das im „Demian“ vielfach auftauchende Vogelmotiv – z.B. auf dem Wappen über der Eingangstür des Sinclairschen Hauses, auf dem Notizzettel im Schulbuch oder im Liebestraum (vgl. DE, 254, 305, 320) – die sexuell gefärbte Triebenergie, die *Libido* nach Sigmund Freud, symbolisiert. Der Vogel stellt mit der Libido denjenigen Teil des Selbst dar, der gerne – meist aufgrund äußerer bzw. religiöser Zwänge wie im Fall Emil Sinclairs – unterdrückt und verdrängt wird, gerade, wenn es sich dabei um sexuelle Triebe und Bedürfnisse handelt. Diesen libidinösen Teil der Psyche gilt es nun für Emil anzuerkennen und innerlich anzunehmen, um einer Bewusstseinserweiterung und einer Vervollkommnung des Selbst näher kommen zu können und zu innerer Ganzheit und Ausgeglichenheit gelangen zu können.

4.2 Die Figuren, Symbole und Motive des Romans „Siddhartha“

4.2.1 Siddhartha und Govinda, die Suchenden

In Hermann Hesses Roman „Siddhartha“ geht es, wie auch im „Demian“, um die Suche nach der psychischen Ganzheit und um einen Individuationsprozess, welchen die Hauptfigur Siddhartha durchlaufen muss. Siddhartha ist wie Emil Sinclair, jedoch bewusster und gezielter, auf der Suche nach der Überwindung von Einseitigkeit insbesondere der religiösen Lehren, die er als Brahmanensohn bereits kennen gelernt hat. Siddhartha versucht, die Einseitigkeit der elterlichen brahmanisch-priesterlichen Umgebung durch seine eigenen Erfahrungen zu ersetzen. Um diese Erfahrungen machen zu können, geht er zusammen mit Govinda, seinem Freund, der jüngerähnliche Züge aufweist[195], hinaus in die Welt. Es geht im Roman „Siddhartha“ nicht nur um innerpsychische Polaritäten, sondern auch um die Gegensätzlichkeit von innen (Siddharthas Seele) und außen (religiöse Lehren, Natur, Gesellschaft), sowie die Spiegelung von Siddharthas Psyche in der Außenwelt. Wie diese Innen-Außen-Polarität und die Spiegelfunktion der Außenwelt – er trifft in der Realität auf Kamala, nachdem er einen vorausdeutenden Traum hatte[196]; damit gibt die Realität verkonkretisiert und spiegelähnlich seinen inneren Zustand, den zuvor der Traum bildlich-symbolisch dargestellt hat, wieder – konkret aussehen, wird im Folgenden zu untersuchen und darzustellen sein. Siddhartha muss auf seinem Individuationsweg eine ganze Reihe von Lebensstationen und Lebensphasen durchlaufen, um eine innere Balance und Ganzheit zu finden, die für ihn, wie auch für Emil Sinclair im „De-

---

[195] Vgl. Patnaik, Govinda, S. 188: „Er [sc. Govinda] spürt, daß sein Freund Siddhartha die Kraft dazu hat, anders zu sein, und folgt ihm als ein Jünger, der nicht wagt, auch nur einen Schritt ohne Siddhartha vorwärts zu gehen.“

[196] Vgl. Hesse, Siddhartha, in: Sämtliche Werke, S. 405–407. Die Zitate werden im Folgenden unter der Sigle SD nachgewiesen.

mian“, von ungeheurer Wichtigkeit ist. Siddhartha muss lernen, seine vielen neuen Erfahrungen und Eindrücke psychisch zu verarbeiten und gewinnbringend in sein Selbst zu integrieren, so dass eine innere Ganzheit und Vollkommenheit entstehen kann. Anders als im „Demian“ wird im „Siddhartha“-Roman ein wesentlich längerer Lebensabschnitt, der sich über viele Jahre und Jahrzehnte erstreckt, beschrieben.

Siddhartha verlässt in einem ersten Schritt auf seinem Weg zur Individuation zusammen mit Govinda das elterliche Haus, da er spürt, dass ihm sein altes Leben nicht mehr genügt, und dass es nicht mehr in der Lage ist, ihn zu „sättigen“ (SD, 374):

> Siddhartha hatte begonnen, Unzufriedenheit in sich zu nähren. Er hatte begonnen zu fühlen, daß die Liebe seines Vaters, und die Liebe seiner Mutter, und auch die Liebe seines Freundes, Govindas, nicht immer und für alle Zeit ihn beglücken, ihn stillen, ihn sättigen, ihm genügen werde. Er hatte begonnen, zu ahnen, daß sein ehrwürdiger Vater und seine anderen Lehrer, daß die weisen Brahmanen ihm von ihrer Weisheit das meiste und beste schon mitgeteilt, daß sie ihre Fülle schon in sein wartendes Gefäß gegossen hätten, und das Gefäß war nicht voll, der Geist war nicht begnügt, die Seele war nicht ruhig, das Herz nicht gestillt. (Ebd.)

Siddhartha empfindet die Vergänglichkeit der Götter, an die seine Familie glaubt und sehnt sich nach dem Atman, „seine[r] Seele, sein[em] Ich“[197]. Der junge Brahmanensohn sucht, wie auch Emil Sinclair, eine Ganzheit, jedoch nicht allein eine innere Ganzheit, sondern „die Gesamtheit der Welt“[198]. Diese „Gesamtheit der Welt“ möchte er jedoch nicht durch die Befolgung vorgeschriebener Glaubensregeln finden, sondern über den Weg der unmittelbaren persönlichen Erfahrung. Auch C. G. Jung als Psychologe hebt die Bedeutung der *Erfahrung* im religiösen Bereich hervor:

> Zum *Verständnis* [Hervorh. i. Orig.] der religiösen Dinge gibt es heute wohl nur noch den psychologischen Zugang, weshalb ich mich bemühe, historisch festgewordene Denkformen wieder einzuschmelzen und umzugießen in Anschauungen der unmittelbaren Erfahrung.[199]

Auch Siddhartha möchte die alten und historischen Glaubensformen seines brahmanischen Vaters „einschmelzen“[200] und in eigene unmittelbare Erfahrungen „umgießen“[201]. In dieser Phase der Neuorientierung wird Siddhartha von Träumen heimgesucht (vgl. SD, 374), die, wie sich im Laufe dieser Analyse zeigen wird, stets dann auftauchen, wenn in Siddharthas Leben eine entscheidende Veränderung ansteht, die ihn und sein Selbst nachhaltig beeinflussen werden.

---

[197] Bansal, Das mönchische Leben, S. 108.
[198] Ebd.
[199] Jung, Zur Psychologie westlicher und östlicher Religion, S. 97.
[200] Ebd.
[201] Ebd.

Siddhartha beschließt, „zum Ich, zu mir, zum Atman“ (SD, 375) zu gelangen und erklärt Govinda und seinen Eltern, die nicht sonderlich von seinem Entschluss begeistert sind, dass er zu den Samanas gehen werde (vgl. SD, 377–379). Govinda, der zögerlichere und autoritätstreuere der beiden Freunde, versucht Siddhartha zunächst von seinem Vorhaben abzuhalten und weist ihn auf seinen Vater hin (vgl. SD, 377). Siddhartha erkennt Govindas Angst und auch seine Ergebenheit (vgl. ebd.), bleibt aber bei seinem Entschluss. Schließlich kommt auch Govinda mit zu den Samanas (vgl. SD, 379).

Die Samanas sind „pilgernde Asketen“ (SD, 377) und leben vollkommen von der Welt abgewandt und ohne feste Bleibe. Sie huldigen dem Ideal, dass der Mensch nur durch Verzicht auf alle weltlichen Freuden, Begierden und Besitze glücklich und vollkommen werden könne. Der sinnliche Teil des Selbst wird verachtet, verdrängt und mit aller Macht bekämpft:

> Vieles lernte Siddhartha bei den Samanas, viele Wege vom Ich hinweg lernte er gehen. Er ging den Weg der *Entselbstung* [eig. Hervorh.] durch den Schmerz, durch das freiwillige Erleiden und Überwinden des Schmerzes, des Hungers, des Durstes, der Müdigkeit. Er ging den Weg der Entselbstung durch Meditation, durch das Leerdenken des Sinnes von allen Vorstellungen. (SD, 381)

Durch diese einseitige Lebensweise wird Siddhartha, anstatt sich der inneren Ganzheit anzunähern, immer mehr sich selbst entfremdet und die Stärke seiner verdrängten Begierden nimmt stetig zu. Siddhartha wird zunehmend kritisch:

> Was ist Versenkung? Was ist Verlassen des Körpers? Was ist Fasten? Was ist Anhalten des Atems? Es ist Flucht vor dem Ich, es ist ein kurzes Entrinnen aus der Qual des Ichseins, es ist eine kurze Betäubung gegen den Schmerz und die Unsinnigkeit des Lebens. Dieselbe Flucht, dieselbe kurze Betäubung findet der Ochsentreiber in der Herberge, wenn er einige Schalen Reiswein trinkt oder gegorene Kokosmilch. Dann fühlt er sein Selbst nicht mehr, dann fühlt er die Schmerzen des Lebens nicht mehr, dann findet er kurze Betäubung. Er findet, über seiner Schale mit Reiswein eingeschlummert, dasselbe, was Siddhartha und Govinda finden, wenn sie in langen Übungen aus ihrem Körper entweichen, im Nicht-Ich verweilen. (SD, 382)

Siddhartha erkennt allmählich die Einseitigkeit des Samana-Lebens, die lediglich vom ganzheitlichen Selbst wegführt, anstatt einen Weg zu einem solchen und zu innerer Vollkommenheit zu weisen. Anstelle dessen wird auf die Freiheit durch Unabhängigkeit von irdischen Gütern verwiesen. Das genügt dem jungen und erfahrungshungrigen Siddhartha jedoch nicht, da er nach etwas anderem sucht, nämlich der inneren Vollkommenheit, die er durch „die Gestaltung seiner äußeren Lebensweise“[202] zu erreichen versucht. Die asketische Lebensweise hilft dem jungen Brahmanensohn jedoch nicht dabei, wie er feststellen muss.

---

[202] Bansal, Das mönchische Leben, S. 107.

Nachdem Siddhartha und Govinda etwa drei Jahre bei den Wanderasketen, den Samanas, gelebt haben, beschließen sie, nachdem sie gehört haben, dass der Buddha lehrend mit seinen Jüngern durch das Land ziehe, erneut neue Lebenswege zu gehen (vgl. SD, 386f.). Siddhartha und Govinda gehen in die Stadt Savathi, um zu dem Buddha, dem Erhabenen, zu kommen und seine Lehren kennen zu lernen. Während Govinda „auf die erlösende Kraft der Lehre setzt“[203], ist Siddhartha kritisch, da er nicht daran glaubt, Erlösung und innere Ganzheit durch *vermittelte* Erfahrungen in Form religiöser Lehren erlangen zu können (vgl. SD, 390). Die Beschreibung des Buddha impliziert jedoch dessen innere Vollkommenheit, die frei von jeder Art des Suchen-Müssens ist:

> Mit einem verborgenen Lächeln, still, ruhig, einem gesunden Kinde nicht unähnlich, wandelte der Buddha, trug das Gewand und setzte den Fuß gleich wie alle seine Mönche, nach genauer Vorschrift. Aber sein Gesicht und sein Schritt, sein still gesenkter Blick, seine still herabhängende Hand, und noch jeder Finger an seiner still herabhängenden Hand sprach Friede, sprach Vollkommenheit, suchte nicht, ahmte nicht nach, atmete sanft in einer unverwelklichen Ruhe, in einem unverwelklichen Licht, einem unantastbaren Frieden. (SD, 390)

Govinda ist begeistert von der Aussicht, der Lehre Buddhas Folge zu leisten und zeigt einmal mehr „das träge Anhaften an den traditionellen Formen und Brauchtümern“[204] und ist, anders als sein Freund Siddhartha, nicht unbedingt darauf aus, diese altbewährten Glaubensrituale und -lehren mit eigenen Erfahrungen zu vertauschen. Während Govinda passiv, durch Einfügen in eine bereits vorhandene Heilslehre, die auf der Erfahrung der religiösen Leitfigur, hier der des Buddha, basiert, zur Erlösung zu gelangen versucht, will Siddhartha aktiv, durch eigene Selbsterfahrung, zum Göttlichen kommen und dieses mit den eigenen Sinnen *erleben* und *spüren*. Das kann er nicht über eine vorgegebene Heilserfahrung und die damit verbundene Nachahmung derselben erreichen.[205] Siddhartha „will kein Buddhist, sondern selbst ein Buddha, ein Erleuchteter werden.“[206] Siddhartha weiß, dass der Buddha die innere Vollkommenheit bereits erreicht hat und interessiert sich daher für das Wie dieses Erreichens der Ganzheit, nicht für die verbale Weitergabe buddhistischer Lehren, welche die unmittelbare Gotteserfahrung ohnehin nicht ersetzen können. Siddhartha erkennt auf diese Weise, dass Weisheit nicht durch Wissen vermittelt werden kann[207], sondern sich erst durch die persönliche Erfahrung entwickeln muss. Damit erahnt

---

[203] Baumann, Hermann Hesses Erzählungen, S. 133.
[204] Patnaik, Govinda, S. 193.
[205] Vgl. ebd., S. 189: Deba P. Patnaik weist auf Govindas Art der Suche nach Erlösung hin: Er ist stets darauf aus, statt eigene Erfahrungen zu machen, anderen zu folgen und sie nachzuahmen. Nur durch Siddhartha und auch Buddha glaubt er, Erleuchtung und Einheit finden zu können (vgl. ebd.).
[206] Baumann, Hermann Hesses Erzählungen, S. 133.
[207] Vgl. ebd.

Siddhartha „die Insuffizienz des Geistes“[208] und wendet sich schließlich an den Buddha, den Erhabenen, selbst und trägt ihm seine kritische Sicht der Dinge vor:

> Ich habe nicht einen Augenblick gezweifelt, daß du Buddha bist, daß du das Ziel erreicht hast, das höchste, nach welchem so viel tausend Brahmanen und Brahmanensöhne unterwegs sind. Du hast die Erlösung vom Tod gefunden. *Sie ist dir geworden aus deinem eigenen Suchen, auf deinem eigenen Wege* [eig. Hervorh.], durch Gedanken, durch Versenkung, durch Erkenntnis, durch Erleuchtung. Nicht ist sie dir geworden durch Lehre! Und – so ist mein Gedanke, o Erhabener – keinem wird Erlösung zuteil durch Lehre! Keinem, o Ehrwürdiger, wirst du in Worten und durch Lehre mitteilen und sagen können, was dir geschehen ist in der Stunde deiner Erleuchtung! (SD, 394)

Mit dieser Aussage macht Siddhartha noch einmal seinen Standpunkt deutlich, dass Erlösung, die Erfahrung des Göttlichen und die innere Vollkommenheit ausschließlich über den Weg der persönlich-individuellen Erfahrung gefunden werden können und nicht mittels institutionalisierter Lehren und Vorschriften. Siddhartha beschließt daraufhin, bei sich selbst nach Erlösung und Vollkommenheit zu suchen und sich weder der Askese noch anderen Lehren anzuschließen. „Bei mir selbst will ich lernen, will ich Schüler sein, will ich mich kennenlernen, das Geheimnis Siddhartha“ (SD, 397) sagt Siddhartha wie erwachend zu sich selbst. Damit bekennt er sich auch zum Individualismus: Jeder Mensch muss seine eigenen, speziellen Erfahrungen machen, die er nicht mit anderen teilen kann. Die anderen Menschen müssen ebenfalls ihre eigenen Erfahrungen machen, da jeder ein anderes Verständnis von Erlösung und Heilsfindung in sich trägt. Dies macht es Siddhartha auch unmöglich, sich einer Lehre oder bestimmten religiösen Vorschriften zu unterwerfen, die allesamt auf der Erfahrung eines einzelnen Menschen beruhen. Nach diesem neu gefassten Entschluss geht Siddhartha seines Weges und legt sich schließlich „in der strohenen Hütte eines Fährmannes am Flusse“ (SD, 405) zum Schlafen nieder – eine Vorausdeutung auf Siddharthas späteres Leben am Fluss mit Vasudeva, dem Fährmann –, woraufhin er das Folgende träumt:

> Govinda stand vor ihm, in einem gelben Asketengewand. Traurig sah Govinda aus, traurig fragte er: Warum hast du mich verlassen? Da umarmte er Govinda, schlang seine Arme um ihn, und indem er ihn an seine Brust zog und küsste, war es nicht Govinda mehr, sondern ein Weib, und aus des Weibes Gewand quoll eine volle Brust, an der lag Siddhartha und trank, süß und stark schmeckte die Milch dieser Brust. Sie schmeckte nach Weib und Mann, nach Sonne und Wald, nach Tier und Blume, nach jeder Frucht, nach jeder Lust. Sie machte trunken und bewußtlos. (SD, 405)

Dieser Traum nimmt das Ziel von Siddharthas Individuationsprozess vorweg: Die Einheit des Selbst und gleichzeitig die alles Seienden. Blume und Tier, also Flora und Fauna sowie Sonne (Licht) und Wald (Schatten) sind in der Milch des

---

[208] Ebd.

weiblichen Wesens, von dem Siddhartha hier träumt, alle eine Einheit. Der Traum nimmt zugleich Siddharthas Leben bei der Kurtisane Kamala und dem Kaufmann Kamaswami vorweg, das ihm ermöglichen wird, seine Begierden, Triebe und unbewussten erotischen Wünsche auszuleben und so seinem vollkommenen und ganzheitlichen Selbst ein Stück näher zu kommen. In jenem Traum zeigt sich, wie auch im „Demian", die Verbindung des weiblichen und des männlichen Geschlechts. Hier jedoch gibt es keine Koexistenz in Form eines Hermaphroditismus, sondern die *Umwandlung* des männlichen in das weibliche Geschlecht. Es wird hier, in Siddharthas Traum, also ein Nacheinander, statt ein Nebeneinander der Geschlechtsmerkmale geschildert. Damit bringt Hesse den Aspekt der Dynamik und Wandlungsfähigkeit der Gestalt mit ins Spiel, was eine Referenz auf die Wiedergeburtsthematik ist. Nach C. G. Jung handelt es sich dabei um eine *Metempsychosis*:

> Ich hebe als ersten Aspekt die Metempsychosis, die Seelenwanderung, hervor. Bei dieser Vorstellung handelt es sich um die Idee eines Lebens, das sich zeitlich durch verschiedene Körper hindurch erstreckt, oder um eine Lebensabfolge, die durch verschiedene Reinkarnationen unterbrochen ist.[209]

Siddharthas Traum verweist allerdings auch noch auf einen anderen Begriff C. G. Jungs, nämlich den des *Mutterarchetypus*, über den Jung schreibt:

> Seine Eigenschaften sind das ‚Mütterliche': schlechthin die magische Autorität des Weiblichen; die Weisheit und geistige Höhe jenseits des Verstandes; das Gütige, Hegende, Tragende, Wachstum-, Fruchtbarkeit- und Nahrungsspendende; die Stätte der magischen Verwandlung, der Wiedergeburt; der hilfreiche Instinkt oder Impuls; das Geheime, Verborgene, das Finstere, der Abgrund, die Totenwelt, das Verschlingende, Verführende und Vergiftende, das Angsterregende und Unentrinnbare.[210]

In Falle des Traums von Siddhartha handelt es sich um eine nährende und nahrungsspendende Mutter, die Siddhartha mit ihrer süßen und stark schmeckenden Milch einen Eindruck von der sinnlichen Seite des Lebens vermittelt. Es handelt sich um die süße Milch der Erotik und der Sinnlichkeit schlechthin, die einen Gegenpol zur geistig-religiösen Welt des Asketentums darstellt, was im Traum symbolisch durch den Eindruck der Trunkenheit und Bewusstlosigkeit (vgl. SD, 405) verdeutlicht wird. Es wird von nun an nicht mehr der Geist gefragt sein, sondern der Körper und besonders die Sinne, welche Siddhartha bis zu diesem Zeitpunkt in seinem Leben vollkommen vernachlässigt hat. Dass die weibliche

---

[209] Jung, Die Archetypen und das kollektive Unbewußte, S. 128. Im Zusammenhang mit der *Metempsychosis* weist Jung auch auf den Buddhismus und seinen Religionsstifter Buddha hin, der selbst eine sehr lange Reihe von Wiedergeburten erlebt habe (vgl. ebd.). Jung stellt auch die Frage in den Raum, ob bei der Wiedergeburt die „Kontinuität der Persönlichkeit" (ebd.) bestehen bleibe, oder ob es sich eher um die Kontinuität des Karmas handle (vgl. ebd.).

[210] Ebd., S. 97.

Figur in Siddharthas Traum als eine nährende Mutter dargestellt wird, lässt auch auf einen pädagogischen Aspekt schließen: Sie gibt etwas von sich an Siddhartha weiter (an der Brust das Kind mit Muttermilch stillen), nämlich ihr Wissen um die Sinnlichkeit dieser irdischen Welt (süße Milch). Dieses Wissen ist aber eine besondere Art von Wissen, die weder über Lehren oder Bücher, noch über Enthaltsamkeit erlangt werden kann, sondern einzig und allein auf dem Weg der Erfahrung. Wie um das Betreten eines neuen Lebensweges bildlich zu beschreiben, bringt der Fährmann Vasudeva Siddhartha an das andere Ufer des Flusses. Siddhartha beginnt nun eine neue Phase seiner Individuation: Er lernt das Sinnesleben kennen und schätzen. Mit der Flussquerung macht Siddhartha „eine grundlegende Umorientierung seiner bewußten Einstellung“[211] durch und lernt einen neuen Teil seines Selbst kennen.

Als Siddhartha auf die schöne Kurtisane Kamala stößt, ist er umgehend von ihr fasziniert und sieht für sich einen neuen Lebensabschnitt in der Stadt, in welcher er Kamala trifft, gekommen (vgl. SD, 407). Doch auch das Weltleben mit Reichtümern aller Art und der Befriedigung erotischer Begierden stimmt Siddhartha auf Dauer nicht zufrieden mit seinem Leben, so dass er beschließt, erneut fortzuziehen, bis er an den Fluss gelangt und versucht, Selbstmord zu verüben. Mit Siddharthas Weltleben und der wichtigen Funktion der Kamala-Figur im „Siddhartha“-Roman wird sich das folgende Kapitel 4.2.2 meiner Magisterarbeit befassen. Um nicht unnötig vorzugreifen, möchte ich darauf verweisen.

Nach dem wenig erfüllenden, oberflächlichen Welt- und Genussleben ist Siddhartha in tief deprimierter Gemütsverfassung:

> Voll war er von Überdruß, voll von Elend, voll von Tod, nichts mehr gab es in der Welt, das ihn locken, das ihn freuen, das ihn trösten konnte. [...] Nein, es gab keine Ziele mehr, es gab nichts mehr als die tiefe, leidvolle Sehnsucht, diesen ganzen wüsten Traum von sich zu schütteln, diesen schalen Wein von sich zu speien, diesem jämmerlichen und schmachvollen Leben ein Ende zu machen. (SD, 429f.)

Als sich Siddharthas Gesicht im Wasser des Flusses spiegelt[212] und er das heilige Om aus seinem Unbewussten heraus hört, erlebt er eine wichtige innere Wiedergeburt, die ihn vom Suizid abhält:

> Da zuckte aus entlegenen Bezirken seiner Seele, aus Vergangenheiten seines ermüdeten Lebens her ein Klang. Es war ein Wort, eine Silbe, die er ohne Gedanken mit lallender Stimme vor sich hinsprach, das alte Anfangswort und Schlußwort aller brahmanischen Gebete, das heilige ‚Om‘, das so viel bedeutet wie ‚das Vollkommene‘ oder ‚die Vollendung‘. Und im Augenblick, da der Klang ‚Om‘ Siddharthas Ohr berührte, erwachte sein entschlummerter Geist plötzlich, und erkannte die Torheit seines Tuns. (SD, 430)

---

[211] Baumann, Hermann Hesses Erzählungen, S. 138.
[212] Zur Flusssymbolik im „Siddhartha“ vgl. Kapitel 4.2.5 der vorliegenden Magisterarbeit.

Siddhartha ist nun in seinem Individuationsprozess einen bedeutenden Schritt weiter: Er lernt, die Stimme seines Selbst bewusst wahrzunehmen und sich von ihr leiten zu lassen. Siddhartha will sich nun wieder dem Leben zuwenden. In diesem Zusammenhang macht es Sinn, sich mit der psychoanalytischen *Triebtheorie* Sigmund Freuds zu befassen. Freud definiert den *Trieb* wie folgt:

> *Ein Trieb wäre also ein dem belebten Organischen innewohnender Drang zur Wiederherstellung eines früheren Zustandes* [Hervorh. i. Orig.], welchen dies Belebte unter dem Einflusse äußerer Störungskräfte aufgeben mußte, eine Art von organischer Elastizität, oder wenn man will, die Äußerung der Trägheit im organischen Leben.[213]

Sigmund Freud unterscheidet zwei entgegengesetzte Triebarten: den *Ich-* oder *Todestrieb* und den *Sexual-* bzw. *Lebenstrieb*.[214] Der Todestrieb übernimmt die Funktion, jemanden dazu zu verleiten, „das organische Lebende in den leblosen Zustand zurückzuführen"[215], während der Lebens- oder Sexualtrieb eine lebenserhaltende Funktion übernimmt: Er wirkt dem Todestrieb entgegen und sorgt für einen Selbsterhaltungsmechanismus.[216] Auf die Figur des Siddhartha übertragen, lässt sich feststellen, dass seine Lebenstriebe über den anfänglichen Todestrieb siegen und er erneut einen Sinn im Weiterleben erkennen kann. Dass Triebe auf die Wiederherstellung eines früheren Zustandes abzielen, zeigt sich auch, als sich Siddhartha das Leben nehmen möchte: Genau in diesem Moment denkt er an das Om, welches für Vollkommenheit steht und das ihm aus seiner brahmanisch geprägten Kindheit vertraut ist. Indem Siddhartha nun diesen alten Zustand des Gefühls der Vollkommenheit in seiner Psyche erneut durchlebt, kann sich der Lebenstrieb, der, nach Freud, wie die anderen Triebe auf „die Wiederherstellung eines früheren Zustandes"[217] aus ist, gegen den Todestrieb durchsetzen und Siddhartha wieder neuen Lebensmut schöpfen lassen. Kurz darauf fällt Siddhartha in einen tiefen Schlaf und als er erwacht, findet er seinen Jugendfreund Govinda sich gegenüber sitzend (vgl. SD, 432). Dieser ist nun ein gläubiger buddhistischer Mönch und sucht noch immer nach einer erlösenden Heilslehre, anstatt in sich selbst nach Erleuchtung zu suchen. Govinda wird als gealtert, treu, suchend, aber auch ängstlich beschrieben (vgl. ebd.). Erst am Ende des „Siddhartha" wird Govinda in der Lage sein, in sich selbst hineinzusehen und aus seinem eigenen Inneren die Erlösung emporzuheben. Ausgelöst wird Govindas buchstäbliche Selbsterkenntnis durch einen Kuss auf Siddharthas Stirn:

> Während aber Govinda verwundert, und dennoch von großer Liebe und Ahnung gezogen, seinen Worten gehorchte, sich nahe zu ihm neigte und seine Stirn mit den Lippen berührte, geschah ihm etwas Wunderbares. [...] er sah stattdessen

---

[213] Freud, Psychologie des Unbewußten, S. 246.
[214] Vgl. ebd., S. 253.
[215] Ebd., S. 307.
[216] Vgl. ebd., S. 250.
[217] Ebd., S. 246.

> andre Gesichter, viele, eine lange Reihe, einen strömenden Fluss von Gesichtern, von Hunderten, von Tausenden, welche alle kamen und vergingen, und doch alle zugleich dazusein schienen, welche alle sich beständig veränderten und erneuerten, und welche doch alle Siddhartha waren. [...] und keine [Gestalt] starb doch, jede verwandelte sich nur, wurde stets neu geboren, bekam stets ein neues Gesicht [...]. (SD, 470f.)

Govinda wird durch jenen Kuss der ewige Kreislauf von Geburt und Tod sowie die Transformationsfähigkeit alles Lebenden bildlich vor Augen geführt. Diese Bilder und Visionen, die Govindas Kopf durchfluten, stammen aus seiner Seele und vermitteln ihm das Gefühl innerer Ganzheit und Vollkommenheit, indem er in jener Wiedergeburtsvision symbolisch alle Gestalten und Daseinsformen durchlebt. Alles ist vergänglich und doch in der Lage, in anderer Erscheinungsform wiederzukehren und erneut am Kreislauf des Lebens teilzunehmen. Govinda gewinnt hier die Erkenntnis der „Gesamtheit des Lebens“[218] und lernt „das Einssein [...] mit dem Ewigen“[219] kennen. Doch auch hier, bei dieser inneren Wiedergeburt, ist Govinda auf einen Anstoß von außen, nämlich von Siddhartha, angewiesen und legt erneut eine gewisse Unselbständigkeit und Abhängigkeit an den Tag.

Siddhartha beschließt nach seinem seelischen Erwachen, am Fluss zu bleiben und diesen, neben dem weisen Fährmann Vasudeva[220], zu seinem Lehrer, Ansprechpartner und Lebensmittelpunkt zu machen. Als eines Tages Kamala mit ihrem und Siddharthas gemeinsamen Sohn am Fluss auftaucht und nach einem Schlangenbiss verstirbt, nimmt Siddhartha seinen Sohn, der wie er heißt, bei sich auf (vgl. SD, 448f.). Nun muss Siddhartha eine letzte Lektion auf seinem Weg zur Individuation lernen: das Loslassen eines geliebten Menschen, hier seines Sohnes, und das Zugestehen des eigenen Lebensweges und -zieles. Vasudeva, der weise Fährmann, steht Siddhartha mit Rat und Tat zur Seite und doch muss Siddhartha erst eigene negative Erfahrungen machen, um einzusehen, dass sein Sohn nun eigene Wege gehen muss (vgl. SD, 456). Erst nachdem Siddhartha gelernt hat, dass er diesen geliebten Menschen loslassen muss, erreicht er das Ziel seines Individuationsprozesses, nämlich das Erkennen der Einheit alles Seins:

> Langsam blühte, langsam reifte in Siddhartha die Erkenntnis, das Wissen darum, was eigentlich Weisheit sei, was seines langen Suchens Ziel sei. Es war nichts als eine Bereitschaft der Seele, eine Fähigkeit, eine geheime Kunst, jeden Augenblick, mitten im Leben, den Gedanken der Einheit zu denken, die Einheit fühlen und einatmen zu können. (SD, 458)

Er erreicht dieses Ziel, da die „Liebe zu seinem Sohn nunmehr den Raum für jenes umfassende Verstehen und Geltenlassen auch des Andersartigen

---

[218] Bansal, Das mönchische Leben, S. 118.
[219] Ebd.
[220] Zu der Figur des Fährmannes Vasudeva vgl. Kapitel 4.2.3 dieser Arbeit.

[schafft]"[221], was „als sicherstes Indiz für einen wahrhaften Durchbruch zum Selbst gelten kann."[222] Und indem Siddhartha die Liebe zu seinem entlaufenen Sohn[223] in die Liebe zu allen Lebewesen der Welt umwandelt, erreicht er die innere Vollkommenheit eines Buddha und doch gleichzeitig seine ganz eigene, individuelle Art der Vollkommenheit. Siddhartha ist nun am Ziel und hat seinen Individuationsprozess erfolgreich abgeschlossen. Er hat zu sich selbst gefunden, indem er viele nahezu gegensätzliche Lebensphasen durchlief (die Askese der Samanas im Gegensatz zum Lustleben bei Kamala und Kamaswami in der Stadt), die ihn dazu brachten, ebenso gegensätzliche Teile seines Selbst zu einer Ganzheit zu vereinigen (Enthaltsamkeit und Sinnesfeindlichkeit versus Erotik, Sexualität und Sinnenfreude). Und indem Siddhartha endgültig auf die Stimme des Flusses und später seine eigene innere Stimme hören lernt und sich von dieser leiten lässt, ist seine innere Vollkommenheit erreicht und er am Individuationsziel angelangt: der Erzeugung eines Ganzen, sowohl innen, in seiner Psyche, als auch außen in der Akzeptanz aller Erscheinungsformen des Lebens, die gleichzeitig die verschiedenen Erscheinungsformen seiner Seele widerspiegeln.

4.2.2 Kamala, Kamaswami, das weltliche Leben und die Wiedergeburt

Nachdem Siddhartha drei Jahre bei den asketisch lebenden Samanas verbracht hatte (vgl. SD, 385) und nachdem er erkennen musste, dass ihn auch Buddha, zumindest anhand seiner religiösen Lehren, nicht näher zu sich selbst führen kann (vgl. SD, 394f.), setzt Siddhartha seine Wanderung fort und gelangt ans Flussufer, wo ihn der Fährmann Vasudeva an das andere Ufer hinübersetzen muss (vgl. SD, 405). Die Überquerung des Flusses kann als Hinweis auf „eine grundlegende Umorientierung"[224] von Siddharthas Lebenseinstellung gesehen werden: Er ist nun bereit, auch den sinnlichen und materiellen Teil der Welt kennen zu lernen und sich diesem nicht mehr kategorisch zu verweigern, was zu „einer Art Einweihung in eine tiefere Selbstkenntnis"[225] führt. Siddhartha wird jetzt vor die Aufgabe gestellt, die Welt in ihrer Ganzheit zu erfassen und muss dazu den sinnlich-materiellen Teil dieser Welt akzeptieren und leben lernen. Gleichzeitig muss er diese neu gewonnene Akzeptanz der Sinnlichkeit der Welt

---

[221] Baumann, Hermann Hesses Erzählungen, S. 151.
[222] Ebd.
[223] Die Rolle von Siddharthas Sohn im Roman wird in Kapitel 4.2.4 der vorliegenden Arbeit ausführlicher erläutert.
[224] Baumann, Hermann Hesses Erzählungen, S. 138.
[225] Szabó, Von Zarathustra bis Siddhartha, S. 77. László V. Szabó vergleicht in seinem Aufsatz „Von Zarathustra bis Siddhartha. Der Weg der Erkenntnis von der Icheinsamkeit zur Erleuchtung" Friedrich Nietzsches „Also sprach Zarathustra" mit Hermann Hesses „Siddhartha". Für Szabó ergeben sich sowohl Unterschiede als auch Gemeinsamkeiten zwischen den beiden Figuren Zarathustra und Siddhartha und er stellt der ‚Icheinsamkeit' Zarathustras die ‚Erleuchtung' Siddharthas gegenüber (vgl. ebd., S. 63).

auch auf sein Selbst übertragen und nun vor allem den sinnlich-sexuellen Teil seines Inneren ausleben, um eine psychische Ganzheit erreichen zu können.

Nachdem Siddhartha den Fluss überquert hat und einige Zeit später eine große Stadt erreicht, freut er sich sehr, „denn er begehrte nach Menschen“ (SD, 407). Bereits hier deutet sich Siddharthas innere Verwandlung an: Er sucht nun nicht mehr den Rückzug ins Religiöse und Asketische, sondern er „begehrt“ den harmlosen, normalen Umgang mit anderen Menschen, ohne eine Distanz zwischen sich und ihnen zu wahren. Auch das Wort „begehren“ verdeutlicht die Veränderungen in Siddharthas Lebensauffassung. Er geht jetzt sinnlich und trieborientiert an seine Umwelt heran und setzt sich auf diese Weise mit Dingen auseinander, die er früher verdrängt und abgewehrt hat. Im Jungschen Sinne handelt es sich um eine Auseinandersetzung mit dem *Schatten*, den Jung so charakterisiert: „Der Schatten aber ist ein lebendiger Teil der Persönlichkeit und will darum in irgendeiner Form mitleben. Man kann ihn nicht wegbeweisen oder in Harmlosigkeit vernünfteln.“[226] Auch Siddhartha kann sich dem sinnlichen und begehrlichen Teil seiner Psyche, dem Jungschen Schatten, nicht mehr verweigern, wenn er in seiner inneren Individuation Fortschritte machen will. Indem Siddhartha nun ein an materiellen Werten orientiertes Weltleben führt, das nur oberflächliche und kurzweilige Genüsse kennt, lernt er einen Teil von sich kennen, der ihm bis dahin vollkommen fremd war: den habgierigen, lediglich auf Reichtum und erotische Befriedigung aus seienden Teil seiner selbst.

Als Siddhartha schließlich jene Stadt erreicht, lernt er in einem Hain die wohlhabende und schöne Kurtisane Kamala kennen und ist sich sicher, einem „holden Zeichen“ (SD, 407) begegnet zu sein. Kamala wird als schön und gleichzeitig klug beschrieben:

> Unter hochgetürmten schwarzen Haaren sah er ein sehr helles, sehr zartes, sehr kluges Gesicht, hellroten Mund wie eine frisch aufgebrochene Feige, Augenbrauen gepflegt und gemalt in hohen Bogen, dunkle Augen klug und wachsam, lichten hohen Hals aus grün und goldenem Oberkleide steigend, ruhende helle Hände lang und schmal mit breiten Goldreifen über den Gelenken. (SD, 407).

Siddhartha spürt instinktiv, dass ihn diese Frau nicht mehr loslassen wird, und dass sie wichtig für seinen Reifungsprozess sein wird. Er nimmt sich vor, Kamala zu erobern, doch die verwöhnte Frau hat auch Ansprüche an den jungen Samana, nämlich materieller Art: „Kleider muß er haben, hübsche Kleider, und Schuhe, hübsche Schuhe, und viel Geld im Beutel, und Geschenke für Kamala.“ (SD, 409) Siddhartha lernt hier eine erste Lektion seines weltlichen Daseins: die Wichtigkeit von finanziellen Mitteln, auch in der Liebe. Damit fungiert Kamala hier, und vor allem später, als sie Siddhartha in die erotische Liebeskunst einführt, als mütterliche Lehrmeisterin. Sie ‚nährt‘ Siddhartha mit ihrem weiblichen Wissen über die Art der Werbung um eine Dame von Welt. Damit zeigt Kamala auch hier mutterarchetypische Züge: Sie ist klug, verführerisch, im übertragenen

---

[226] Jung, Die Archetypen und das kollektive Unbewußte, S. 30.

Sinn ‚nahrungsspendend' und hat Autorität; sie ist aber auch geheimnisvoll, unnahbar und man kann ihr – ist man ihrer gewaltigen Ausstrahlung einmal erlegen – nicht mehr entrinnen.[227] Aufgrund von Kamalas hohen materiellen Ansprüchen und seiner Überzeugung, sie für sich gewinnen zu müssen, sieht sich Siddhartha gezwungen, sich eine Erwerbstätigkeit zu suchen, was ihm die schöne Kurtisane jedoch abnimmt, indem sie ihn an den reichsten Kaufmann der Stadt, an Kamaswami, vermittelt (vgl. SD, 412f.). Doch nicht nur Kamalas Wohlwollen kam Siddhartha bei seiner Suche nach Arbeit zugute, sondern auch seine Fähigkeit lesen und schreiben zu können (vgl. SD, 412). Auch hier gebärdet sich Kamala als weibliche Lehrmeisterin Siddharthas, indem sie ihm wichtige Ratschläge zum Umgang mit dem reichen Kaufmann Kamaswami vermittelt:

> Sei freundlich gegen ihn, er ist sehr mächtig. Aber sei nicht zu bescheiden! Ich will nicht, daß du sein Diener wirst, du sollst seinesgleichen werden, sonst bin ich nicht mit dir zufrieden. (SD, 413)

Und wie es sich für eine anspruchsvolle und strenge Lehrerin des weltlichen Lebens gehört, setzt Kamala Siddhartha unter Druck, um ihn zum Erfolg anzuspornen. Hier zeigt sich noch einmal deutlich die Autorität, die Kamala Siddhartha gegenüber hat.

Siddhartha tritt nun in Kamaswamis Dienste ein und steigt schnell auf, nimmt am Handel teil und ist bald finanziell in der Lage, Kamala Geschenke zu machen und sich so ihrer Liebesdienste zu versichern. Er gibt sich ganz der Liebeskunst hin und wird um die Erkenntnis seiner Leidenschaftlichkeit reicher. Siddhartha lernt sich selbst und seine Sexualität neu kennen, was ihm dabei hilft, der psychischen Ganzheit näher zu kommen, da er den triebhaften Teil seiner Seele nicht mehr unterdrückt. Freud schreibt über die *Sexualtriebe*, dass sie diejenigen Triebe seien, deren „mit allen Mitteln angestrebtes Ziel die Verschmelzung zweier in bestimmter Weise differenzierter Keimzellen [ist]“[228]. Aufgrund dessen sind die Sexualtriebe für Freud „die eigentlichen Lebenstriebe“[229], da sie eine lebenserhaltende Funktion besitzen – primär die der Fortpflanzung – und so den Todestrieben entgegenwirken.[230] Auch für Siddhartha bedeutet die aktiv ausgelebte Sexualität Leben: das körperlich-sinnliche Leben und Spüren. Kamala symbolisiert aber auch die Freudsche Fortpflanzungs- und Erneuerungsfunktion, indem sie Jahre später von Siddhartha schwanger wird und einen Sohn gebiert (vgl. SD, 429). Doch darüber hinaus steht die Geburt von Kamalas und Siddharthas Sohn, der von seiner Mutter den gleichen Rufnamen wie sein Vater erhält, auch für die Wiedergeburt: Siddhartha wird in seinem Sohn, der später ebenfalls seine eigenen Erfahrungen machen möchte, wiedergeboren. Es ist „die Sehnsucht, durch die Rückkehr in den Mutterleib die Wiedergeburt zu erlan-

[227] Vgl. ebd., S. 97.
[228] Freud, Psychologie des Unbewußten, S. 253.
[229] Ebd., S. 250.
[230] Vgl. ebd., S. 250.

gen"[231] und „unsterblich zu werden wie die Sonne"[232], welcher in Form der Geburt des Knaben Siddhartha, des Sohnes von Kamala und Siddhartha, ein symbolischer Ausdruck verliehen wird.

Zu Beginn seines Weltlebens in der Stadt geht Siddhartha seinem Beruf mit einer innerlich sehr distanzierten Haltung nach. Auch im Umgang mit anderen Menschen verhält er sich fremdartig und nicht wie einer von ihnen. Er kann einerseits sehr gut mit ihnen umgehen und interessiert sich auch für sie, andererseits fühlt er sich in keiner Weise mit ihnen verbunden:

> Im übrigen war Siddharthas Teilnahme und Neugierde nur bei den Menschen, deren Geschäfte, Handwerke, Sorgen, Lustbarkeiten und Torheiten ihm früher fremd und fern gewesen waren wie der Mond. So leicht es ihm gelang, mit allen zu sprechen, mit allen zu leben, von allen zu lernen, so sehr ward ihm dennoch bewußt, daß etwas sei, was ihn von ihnen trennte, und dies Trennende war sein Samanatum. (SD, 419)

Siddhartha ist also zu Beginn immer noch ein Asket, der von außen auf das Geschehen blickt, aber nicht am Geschehen teilnimmt. Dies kommt einer immer noch vorhandenen, latenten inneren Abwehr von Lust, Macht und Reichtum gleich. Zu diesem Zeitpunkt hat Siddhartha den macht- und trieborientierten Teil der Welt noch nicht in sein Selbst integriert. Siddhartha lebt eine „innere Schizophrenie"[233], er nimmt zwar am weltlichen Stadtleben teil und gibt sich *nach außen hin* als Weltmann, innerlich aber ist Siddhartha immer noch ein Samana, der alles Lustvolle und Spielerische verachtet. Doch Siddhartha verharrt nicht lange in dieser Zerrissenheit von außen (weltlich) und innen (asketisch-enthaltsam) und beginnt langsam – inzwischen zu Reichtum und Ansehen gelangt –, sich auch seelisch an seine neue Umgebung zu assimilieren:

> [...] jene geschmeidige Bereitschaft, die göttliche Stimme im eigenen Herzen zu hören, war allmählich Erinnerung geworden, war vergänglich gewesen; fern und leise rauschte die heilige Quelle, die einst nahe gewesen war, die einst in ihm selber gerauscht hatte. [...] Langsam, wie Feuchtigkeit in den absterbenden Baumstrunk dringt, ihn langsam füllt und faulen macht, war Welt und Trägheit in Siddharthas Seele gedrungen, langsam füllte sie seine Seele, machte sie schwer, machte sie müde, schläferte sie ein. Dafür waren seine Sinne lebendig geworden, viel hatten sie gelernt, viel hatten sie erfahren. (SD, 422)

Siddhartha ist nun an einem Punkt seines Lebens angekommen, an dem er dabei ist, die Beziehung zu seinem Unbewussten und damit zu seiner „göttliche[n] Stimme" (ebd.) zu verlieren. Je mehr Siddhartha die Priorität auf das äußerliche Leben verlagert, desto weiter entfernt er sich von sich selbst und von seinem Unbewussten: „Im selben Maße, wie sich sein Leben veräußerlicht, verliert

[231] Jung, Symbole der Wandlung, S. 268.
[232] Ebd.
[233] Baumann, Hermann Hesses Erzählungen, S. 141.

Siddhartha die Fähigkeit zur Introversion und damit zu den sinnstiftenden und belebenden Kräften des Unbewußten."[234] In diesem unguten psychischen Zustand flüchtet sich Siddhartha nur noch mehr in Glücksspiele, Trinkerei und Sexualität (vgl. SD, 425), was ihn jedoch immer elender macht, da es den „Selbstentfremdungsprozeß"[235] bloß noch weiter antreibt. In dieser Phase seines Lebens wird Siddhartha die Vergänglichkeit von Lust, Schönheit und oberflächlichem Stadtleben endgültig bewusst. Kamala erscheint ihm – nach einem erneuten Liebesspiel – gealtert, wie auch er selbst zu altern und müde zu werden beginnt:

> Nie war es Siddhartha so seltsam klargeworden, wie nahe die Wollust dem Tode verwandt ist. [...] und Kamalas Antlitz war ihm nahe gewesen, und unter ihren Augen und neben ihren Mundwinkeln hatte er deutlich wie noch niemals eine bange Schrift gelesen, eine Schrift von feinen Linien, von leisen Furchen, eine Schrift, die an den Herbst und an das Alter erinnerte, wie denn auch Siddhartha selbst, der erst in den Vierzigern stand, schon hier und dort ergraute Haare zwischen seinen schwarzen bemerkt hatte. (SD, 425f.)

Siddhartha fühlt sich vom Sinnes- und Lustleben ausgelaugt und unbefriedigt, genau wie in seiner Jugend, als er, von brahmanischen und buddhistischen Lebensweisheiten unbefriedigt, umherzog und nach neuen Lebenserfahrungen Ausschau hielt. Ähnlich ergeht es ihm auch jetzt: Er ist unzufrieden und fühlt eine innere Leere, die ihn bis zur Todessehnsucht treibt. Als Siddhartha schließlich aufbricht und die Stadt verlässt, plagen ihn ernste Selbstmordgedanken, sein Freudscher Todestrieb[236] erwacht (vgl. SD, 428f.). Erst als Siddhartha versucht, sich das Leben zu nehmen und sich in den Fluss zu stürzen, erwacht sein Unbewusstes zu neuem Leben und er kann seine innere Stimme wieder wahrnehmen (vgl. SD, 430). Siddhartha kann nur dann zu sich selbst finden, wenn er sein Unbewusstes nicht unterdrückt und verdrängt, sondern es als eigenständigen Teil seiner selbst akzeptiert. Indem Siddhartha die fragwürdigen und oberflächlich anmutenden Werte der „Kindermenschen" (SD, 414) in sein Selbst integriert und so schließlich auch innerlich einer von ihnen wird, verliert er den Kontakt zu seinen unbewussten seelischen Kräften, was ihn auslaugt und dem Todeswunsch nahe bringt.

Nachdem sich Siddhartha wieder von seiner inneren Stimme führen lässt, ist er auch wieder bereit, einen neuen Lebensweg zu betreten, der ihn seiner Individuation, der damit verbundenen seelischen Ganzheit sowie der Einheit von Welt (außen) und Seele (innen) näher bringt. Siddhartha beschließt, an jenem Fluss, den er damals, als junger und unerfahrener Samana, überquerte und in welchem er sich vor kurzem ertränken wollte, zu bleiben (vgl. SD, 439). Er

---

[234] Baumann, Hermann Hesses Erzählungen, S. 141.

[235] Ebd.

[236] Vgl. Freud, Psychologie des Unbewußten, S. 253. Freud nennt die Todestriebe hier alternativ auch *Ichtriebe* und schreibt, dass diese Triebe „von der Belebung der unbelebten Materie" (ebd.) herrühren, und dass es ihnen um die Wiederherstellung des unbelebten Zustandes gehe (vgl. ebd.).

sucht den Fährmann Vasudeva, der ihn damals als Samana an das andere Ufer übersetzte, auf und bleibt bei ihm (vgl. SD, 440). Um den Fährmann Vasudeva soll es im folgenden Kapitel gehen.

4.2.3 Vasudeva: Fährmann und Weiser

Der Fährmann Vasudeva spielt insbesondere nach Siddharthas Selbstmordversuch und dem anschließenden „tiefen Schlaf" (SD, 431) eine wichtige Rolle: Er wird für Siddhartha ein Führer zum vollkommenen Selbst. Vasudeva ist, wie Max Demian und Pistorius im „Demian", eine Führerfigur, die zu innerer Ganzheitlichkeit und zur Einheit aller Gegensätze führt. Doch im Unterschied zu Max Demian und Pistorius begreift sich Vasudeva selbst auch als einen Geführten. Bei ihm war es der Fluss, der ihn zu sich selbst führte und der ihn alles lehrte: „Er weiß alles, der Fluß, alles kann man von ihm lernen." (SD, 442)

Als Siddhartha zu Vasudeva geht und die Erlaubnis erhält, bei ihm bleiben zu dürfen, lernt er als erstes dessen wichtigste Eigenschaft kennen, das Zuhören. Als ihm Siddhartha sein bisheriges Leben, von der Kindheit bis zum Wiedergeburtserlebnis am Fluss, erzählt, hört Vasudeva auf ganz besondere Art und Weise zu:

> Vasudeva hörte mit großer Aufmerksamkeit zu. Alles nahm er lauschend in sich auf, Herkunft und Kindheit, all das Lernen, all das Suchen, alle Freude, alle Not. Dies war unter des Fährmanns Tugenden eine der größten: er verstand wie wenige das Zuhören. Ohne daß er ein Wort gesprochen hätte, empfand der Sprechende, wie Vasudeva seine Worte in sich einließ, still, offen, wartend, wie er keines verlor, keines mit Ungeduld erwartete, nicht Lob noch Tadel daneben stellte, nur zuhörte. (SD, 441)

Indem Vasudeva nur zuhört und nicht spricht, versucht er Siddhartha so wenig wie möglich zu beeinflussen und ihn ganz er selbst sein zu lassen. Er ist die typische Figur des weisen Mannes, der gelernt hat, den Dingen des Lebens ihren Lauf zu lassen, was jedoch nicht mit Gleichgültigkeit zu verwechseln ist, sondern eher „das vollkommene Zurücktreten"[237] des Weisen ist, der dem Suchenden, hier Siddhartha, versucht klarzumachen, dass er die Erlösung von allen seinen Leiden und Problemen nur in sich selbst finden kann. Vasudeva erreicht mit „seiner Aura als Symbol des Selbst"[238] wesentlich mehr, als mit Vorhaltungen,

---

[237] Röttger, Die Gestalt des Weisen, S. 127. Jörg Röttger setzt die Figur des Vasudeva in seinem Buch „Die Gestalt des Weisen bei Hermann Hesse" zum taoistischen Bild des Weisen in Beziehung und verweist dabei auf das „Tao te king" des Laotse. Das „Tao te king" stellt die Gründungsschrift der chinesischen taoistischen Religion und Philosophie dar (vgl. Laotse, Tao te king, S. 19, Einleitung von Martina Darga). Bezüglich der Zurückhaltung des Weisen vgl. Laotse, Tao te king, S. 203, 63. Abschnitt: „Also auch der Berufene: / Er denkt niemals an seine Größe / darum kann er seine Größe vollenden."

[238] Baumann, Hermann Hesses Erzählungen, S. 148.

Lehren und Predigten, vor denen der junge Siddhartha früher so eifrig in das Weltleben floh, um dort Erfahrungen zu sammeln. Auch Vasudeva selbst distanziert sich vom intellektuellen Gelehrtentum und stellt diesem seine Fähigkeit des Zuhörens entgegen:

> Sieh, ich bin kein Gelehrter, ich verstehe nicht zu sprechen, ich verstehe auch nicht zu denken. Ich verstehe nur zuzuhören und fromm zu sein, sonst habe ich nichts gelernt. Könnte ich es sagen und lehren, so wäre ich vielleicht ein Weiser, so aber bin ich nur ein Fährmann, und meine Aufgabe ist es, Menschen über diesen Fluß zu setzen. (SD, 442)

Interessant ist, wie Vasudeva hier den Gegensatz zwischen *gelehrt* (= Fähigkeit des Sprechens und Denkens) und *fromm* (= zuhören statt reden können) anklingen lässt und dabei bestreitet, ein Weiser zu sein. Der Fährmann begründet dies mit der Unmöglichkeit, sein intuitives Wissen in Worte zu fassen und pädagogisch weiterzugeben. Hier zeigt sich erneut die Gegenüberstellung von Intuition (aufnehmend und zuhörend) und Intellekt (nach außen abgebend, das Reden und Lehren in den Vordergrund rückend). Vasudeva hält sein Wissen, das aus den Tiefen der Seele kommt und hauptsächlich auf der unmittelbaren Lebenserfahrung beruht, „für nicht formulierbar“[239]. Vasudeva vertritt im „Siddhartha“ eine ganz andersartige Form des Wissens und der pädagogischen Führung: Sie kommt aus dem Inneren heraus, lässt sich nicht mit Worten erfassen und muss innerlich erfahren und erspürt werden. Damit ist

> alles Wissen, alle Weisheit [...] im Menschen selbst vorhanden. Der Lehrer, sei es der Fluß oder Vasudeva, hat seine einzige Funktion darin, dem Schüler behilflich zu sein, dieses innere Wissen ans Licht zu bringen und gegebenenfalls verifizierend zu wirken. Weisheit kann man nach dieser Vorstellung sich nicht von außen in Form irgendeiner Lehre aneignen, sondern einzig und allein in sich selbst finden.[240]

Darüber hinaus gründet sich Vasudevas Weisheit und Wissen nicht auf einem aus Büchern angelesenen Allgemeinwissen, sondern auf der praktischen und unmittelbaren Lebenserfahrung. C. G. Jung charakterisiert den *Archetypus des Weisen* als „einerseits Wissen, Erkenntnis, Überlegung, Weisheit, Klugheit und Intuition, andererseits aber auch moralische Eigenschaften, wie Wohlwollen und Hilfsbereitschaft“[241] symbolisierend. Auf Vasudeva treffen vor allem die Eigenschaften der Erkenntnis, Überlegung, Intuition, (Lebens-)Klugheit und der Hilfsbereitschaft zu. Vasudeva zeigt sich als überlegt und vorsichtig, wenn es um die Wahl seiner Worte geht, denn er „war kein Freund der Worte, selten gelang es Siddhartha, ihn zum Sprechen zu bewegen.“ (SD, 443)

---

[239] Baumann, Hermann Hesses Erzählungen, S. 149.
[240] Röttger, Die Gestalt des Weisen, S. 134.
[241] Jung, Die Archetypen und das kollektive Unbewußte, S. 238.

Vasudeva kann im Sinne C. G. Jungs auch als Symbol für das ganzheitliche *Selbst*, das keinen konkreten zeitlichen Rahmen kennt, gesehen werden. Diese Zeitlosigkeit zeigt sich in den Beschreibungen von Vasudevas Gesicht, das „ebenso kindlich, ebenso greisenhaft" (SD, 444) genannt wird. Siddharthas Gesicht wird diesem gleichzeitig kindlichen und gleichzeitig gealterten Gesicht Vasudevas mit der Zeit immer ähnlicher, was auf Siddharthas fortschreitenden Individuationsprozess hindeutet, da er seinem Führer zum vollkommenen Selbst immer mehr zu gleichen beginnt:

> Und von Mal zu Mal ward sein [sc. Siddharthas] Lächeln dem des Fährmanns ähnlicher, ward beinahe ebenso strahlend, beinahe ebenso von Glück durchglänzt, ebenso aus tausend kleinen Falten leuchtend [...] (ebd.).

So, wie Vasudevas Antlitz den Anfang und das Ende des menschlichen Daseins, sprich Kindheit und Greisenalter, in sich vereinigt, so vereinigt, nach Carl Gustav Jung, das *Selbst* „die Ganzheit der Psyche überhaupt, nämlich Bewußtes *und* [Hervorh. i. Orig.] Unbewußtes"[242]. Als Vasudeva Siddhartha wieder einmal auf seine besondere Art zuhört, zeigt sich für jenen in Vasudevas Regungslosigkeit ein göttlicher Zug:

> Während er immer noch sprach, immer noch bekannte und beichtete, fühlte Siddhartha mehr und mehr, daß dies ein Mensch war, der ihm zuhörte, daß dieser regungslos Lauschende seine Beichte in sich einsog wie ein Baum den Regen, daß dieser Regungslose der Fluß selbst, daß er Gott selbst, daß er das Ewige selbst war. [...] Er empfand, daß er den alten Vasudeva nun so sehe, wie das Volk die Götter sieht, und daß dies nicht von Dauer sein könne; er begann im Herzen von Vasudeva Abschied zu nehmen. (SD, 460)

In diesem Zitat kommt Vasudevas Besonderheit sehr deutlich zum Ausdruck: Da er göttliche Züge besitzt[243], hat er für Siddhartha eine besondere Vorbildfunktion und ist für ihn anbetungswürdig. Die Art der Kommunikation zwischen Siddhartha und Vasudeva – der eine spricht über seine Anliegen und Nöte, während der andere selbstvergessen, geduldig und „regungslos" (ebd.) zuhört – erinnert an das christliche Beichtritual, bei dem der Beichtvater ruhig zuhört und eventuellen Beistand leistet. Indem Vasudeva in dieser Beschreibung mit Gott oder dem Göttlichen auf eine Ebene gestellt wird, wird, nach Sigmund Freud, „das alte Vaterideal in der Schöpfung von Göttern"[244] wieder belebt. Vasudeva ist in seiner Funktion als Zuhörer, Freund und Ratgeber für Siddhartha sicherlich

---

[242] Jung, Die Archetypen und das kollektive Unbewußte, S. 413.

[243] Vgl. Arnold-Döben, Die Bildersprache der Gnosis, S. 175: Auch die gnostische Religion kennt in ihrer Symbolsprache das Bild von Schiff und Steuermann. Hier bedeutet der Steuermann den Erlöser, der, ähnlich wie Vasudeva, dem Menschen dabei hilft, sich selbst zu finden. Das Schiff, oder in Bezug auf Vasudeva die Fähre, versinnbildlicht die Rettung vor dem Wasser und dessen Gefahren (vgl. ebd.).

[244] Freud, Fragen der Gesellschaft, S. 432.

auch so etwas wie ein Ersatzvater, da er seinen eigenen Vater, den Brahmanen, schon viele Jahre nicht mehr gesehen haben dürfte. Vasudeva ist aber eher ein geistig-spiritueller Vater, der Siddhartha auf den Weg zu seinem ganzheitlichen Selbst bringt, weniger ein erzieherischer und materiell absichernder Vater. Dieser Unterschied wird dadurch verdeutlicht, dass Vasudeva ‚vergöttlicht' dargestellt wird, was ihn von der realen und materiell geprägten Vaterschaft abgrenzt. Das obige Zitat aus Hesses „Siddhartha" impliziert aber auch die Vergänglichkeit aller Lebewesen, die ewige Wiederkehr von Geburt und Tod und den ewigen Kreislauf des Lebens. Siddhartha muss erkennen, dass auch Vasudevas irdisches Dasein zeitlich begrenzt ist und er nun als alt gewordener Mann dem Tode nahe zu sein scheint. Kurze Zeit später zieht sich Vasudeva zum Sterben in die Wälder und damit „in die Einheit" (SD, 462) zurück, was den Gedanken der Einheit von Mensch und Natur verdeutlicht. Es ist der Zeitpunkt, als Siddhartha nach der Flucht seines Sohnes endgültig zu sich selbst gefunden hat und nun nicht mehr auf einen Lehrer wie Vasudeva angewiesen ist. Nachdem Siddhartha gelernt hat, dem Fluss und auch anderen Menschen zuzuhören, ist er sogar in der Lage, seine Selbsterkenntnis und innere Vollkommenheit auf andere zu übertragen, wie seine letzte Begegnung mit Govinda und dessen Wiedergeburtserlebnis durch den Kuss auf Siddharthas Stirn verdeutlichen (vgl. SD, 470–472).

Abschließend lässt sich sagen, dass Vasudeva im Jungschen Sinne ein Symbol des Selbst und gleichzeitig ein Führer zu diesem Selbst ist. Er bezieht seine innere Ganzheit nicht aus intellektuell-abstraktem Lernen und Wissen, sondern aus langjähriger Lebenserfahrung und seiner Intuition. Die Figur des Vasudeva weist nach der Analytischen Psychologie C. G. Jungs auch die Züge eines archetypischen Weisen auf: Er ist hilfsbereit, demütig, der Wortgewalt entsagend, klug, intuitiv und überlegend. Darüber hinaus zeigen die Beschreibungen Vasudevas den göttlichen Charakter dieser Figur, die allem Gemeinen und Massenhaften enthoben scheint, was auch durch die zurückgezogene Lebensweise des Fährmannes unterstrichen wird. Vasudeva vertritt symbolisch die Einheit von Mensch, Tier und Gott und damit auch die Vollkommenheit des Göttlichen, die sich im einzelnen irdischen Lebewesen und dessen innerer Ganzheit widerspiegelt. Obwohl Vasudeva alle pädagogischen Konzepte und Lehren ablehnt, ist er dennoch in der Lage, sein inneres Wissen und seine Ahnungen auf seinen Schüler Siddhartha zu übertragen, indem dieser – mit Vasudevas Hilfe – in sich selbst das vorfindet, was er in Vasudeva zu erkennen glaubte: die Einheit von Geburt und Tod, den ewigen Kreislauf von Werden und Vergehen. Indem Siddhartha das erkennt, gelangt er zu sich selbst und kann seinem Freund Govinda durch einen bloßen Kuss ein Erweckungserlebnis verschaffen.

4.2.4 Siddharthas Sohn und die Individuation

Nachdem Siddharthas frühere Geliebte Kamala auf ihrem Weg zu dem sterbenden Buddha von einer Giftschlange gebissen wird und bei Siddhartha und Vasudeva Zuflucht findet, vertraut sie Siddhartha ihren gemeinsamen Sohn an, der genau wie sein Vater Siddhartha heißt (vgl. SD, 445–448). Siddhartha senior lernt nun die persönliche und an einen bestimmten Menschen gebundene Liebe kennen, die alles verzeiht und vergibt. Doch muss er nun, sich im letzten Stadium des Individuationsprozesses befindend, lernen, auch diese persönliche und egoistisch gefärbte Liebe aufzugeben und dem geliebten Menschen seinen eigenen Lebensweg zu lassen. Der Kreislauf beginnt sich zu schließen, indem Siddharthas Begehren nach eigenen Erfahrungen statt dem Nachahmen des väterlichen Lebens in seinem Sohn und dessen Trotz und Widerwillen gegen den Vater und sein Leben am Fluss wieder aufgegriffen wird.

Nach dem Tod Kamalas verhält sich Siddhartha junior „scheu und weinend" (SD, 449), „finster" (ebd.) und „wehrte und sträubte sich gegen das Schicksal" (ebd.). Bereits hier deutet sich bei dem elfjährigen Jungen die Abwehr des eigenen Schicksals und die spätere Flucht, um sein eigenes Leben führen zu können, an. Der Junge wird als verwöhnt und als ein „Mutterkind" (ebd.) beschrieben, was ödipale Züge andeutet: Siddhartha junior hing sehr an seiner Mutter und vergötterte sie; sie stirbt völlig unerwartet und plötzlich ist da ein ihm fremder Mann, der sich als Vater gebärden will. Der Junge beginnt, den Vater zu hassen und ihn samt seinem Leben und seiner ganzen Gutmütigkeit abzulehnen.[245] Sigmund Freud geht in seiner Theorie des *Ödipuskomplexes* von einer anfänglichen Identifizierung des männlichen Kleinkindes mit seinem Vater aus, die sich dann, wenn es zum Ödipuskomplex kommt, in Feindschaft und Ablehnung verwandelt.[246] Im Falle von Siddhartha und seinem Sohn gibt es diese Identifizierung so nicht, da der Vater nie mit der Mutter zusammenlebte, zumindest nicht, als der Sohn auf der Welt war. Und von einem Ersatz- oder Stiefvater ist im Roman „Siddhartha" an keiner Stelle die Rede. Somit dürfte der Junge zu keinem Zeitpunkt das Bedürfnis gehabt haben, sich mit seinem Vater Siddhartha und dessen Anschauungen zu identifizieren, was wiederum seinen Abnabelungsprozess vom Vater, der in der Flucht aus der Hütte der beiden Fährmänner gipfelt, fördert. Die Eifersucht von Siddharthas Sohn auf den Vater und die damit verbundene Abneigung gegen ihn äußert sich explizit, als sich der Junge wieder einmal frech und aufsässig gegen seinen Vater verhält und ihm das Folgende ins Gesicht schreit:

> [...] ich weiß ja, daß du mich mit deiner Frömmigkeit und deiner Nachsicht beständig strafen und klein machen willst. Du willst, daß ich werden soll wie du, auch so fromm, auch so sanft, auch so weise! Ich aber, höre, ich will, dir zu Leide,

---

[245] Vgl. Freud, Psychologie des Unbewußten, S. 299: „Die Vateridentifizierung [...] wendet sich zum Wunsch, den Vater zu beseitigen, um ihn bei der Mutter zu ersetzen."

[246] Vgl. ebd.

> lieber ein Straßenräuber und Mörder werden und zur Hölle fahren, als so werden wie du! Ich hasse dich, du bist nicht mein Vater, und wenn du zehnmal meiner Mutter Buhler gewesen bist! (SD, 454)

Der Junge lehnt Siddhartha als Vater ab, möchte seinen eigenen Weg zur Individuation finden und hält nichts von seines Vaters Gutmütigkeit, da Siddhartha junior „viel lieber [...] von ihm [sc. dem Vater] bedroht, von ihm misshandelt worden" (SD, 453) wäre. Indem der Sohn den Vater als „Buhler" (SD, 454) bezeichnet, macht er klar, dass Siddhartha für ihn niemals die Autorität eines Vaters haben wird, sondern lediglich der ehemalige Geliebte seiner Mutter und sein Erzeuger ist, mehr nicht. Und der Junge zeigt seine Eifersucht mehr als deutlich, so, als wolle er sagen, dass seine Mutter ihn, ihren Sohn, wirklich und mit ganzem Herzen geliebt habe und nicht nur in Form kurzweiliger sexueller Befriedigung, wie in der Beziehung zu seinem Vater. Damit versucht der Sohn, ganz im Sinne Freuds und seiner Theorie vom Ödipuskomplex, dem Vater seinen Rang an der Seite der Mutter Kamala streitig zu machen und ihn bei ihr zu ersetzen, was in diesem Fall ein Leichtes ist, da der Vater nie mit Mutter und Sohn zusammengelebt hat.

Siddhartha lernt durch seinen Sohn das erste Mal in seinem Leben eine echte, hingebende und alles verzeihende Liebe kennen, der es schwer fällt, das geliebte Wesen wieder loszulassen. Diese Liebe zu seinem Kind

> schafft nunmehr den Raum für jenes umfassende Verstehen und Geltenlassen auch des Andersartigen, das vielleicht als sicherstes Indiz für einen wahrhaftigen Durchbruch zum Selbst gelten kann.[247]

Doch Siddhartha ist noch nicht soweit, das „Andersartige[]"[248] an seinem Sohn zu akzeptieren und ihm seinen freien Lauf und seine eigene Entwicklung zuzugestehen. Entgegen aller guten Ratschläge Vasudevas, der Siddhartha rät, seinen Sohn loszulassen, damit er seinen eigenen Weg gehen könne, hält er an seiner unerschütterlichen Liebe zum Sohn fest:

> [...] stärker als das Wissen war seine Liebe zu dem Knaben, stärker seine Zärtlichkeit, seine Angst, ihn zu verlieren. Hatte er denn jemals an irgend etwas so sehr sein Herz verloren, hatte er je irgendeinen Menschen so geliebt, so blind, so leidend, so erfolglos und doch so glücklich? (SD, 452)

Der Sohn indessen fühlt sich in der „elenden Hütte gefangen" (SD, 453) und beschließt nach dem heftigen Streit mit seinem Vater, in welchem er ihn den „Buhler" (SD, 454) seiner Mutter nennt, in Richtung Stadt zu entfliehen, wo er sich heimisch fühlt (vgl. ebd.). Siddhartha, der noch immer nicht loslassen kann, folgt dem Jungen bis zum Eingang jenes Lustgartens, der früher Kamala gehörte und in dem nun buddhistische Mönche weilen (vgl. SD, 455). Siddhartha fühlt

---

[247] Baumann, Hermann Hesses Erzählungen, S. 151.
[248] Ebd.

nun, dass es ihm bei der Suche nach dem Jungen weniger um diesen selbst geht, sondern eher um sein „Verlangen" (ebd.), die persönliche und bindende Liebe, welche ihm bis vor kurzem völlig fremd war, wieder zu spüren. Siddhartha muss nun – als letzte und entscheidende Lektion auf seinem Weg zur inneren Vollkommenheit – erfahren, wie es ist, den geliebten Menschen loszulassen und ihn seinen eigenen Individuationsprozess durchmachen zu lassen. Damit wiederholt sich das, was auch Siddhartha am Anfang seiner psychischen Entwicklung durchmachen musste: die Bereitschaft, den eigenen Weg der Erfahrung zu gehen und sich dabei nicht von Eltern und sozialem Umfeld beeinflussen zu lassen. Vasudeva weist Siddhartha als sein Führer darauf hin, dass er selbst auch erst eigene Fehler machen musste um zu sich selbst und zu seinem Platz in der Welt finden zu können: „Glaubst du denn wirklich, daß du deine Torheiten begangen habest, um sie dem Sohn zu ersparen?" (SD, 452) So wird auch Siddharthas Sohn sein eigenes Leben, seine eigenen Fehler und Erkenntnisse machen müssen, um seinen eigenen Lebenssinn zu finden. Siddharthas Sohn wiederholt und spiegelt im Grunde sein eigenes Leben und seinen Wunsch nach dem Hinausgehen in die Welt wider und lässt auf diese Weise den Individuationskreislauf von vorn beginnen. C. G. Jungs Ausführungen zum *Kindarchetypus* verdeutlichen ebenfalls den Bezug auf eigene Kindheitserlebnisse: „Wenn wir dagegen [...] sagen, das Kindmotiv sei das Bild für gewisse Dinge der eigenen Kindheit, die wir vergessen haben, so kommen wir der Wahrheit schon näher."[249] Auch Siddhartha scheint „vergessen" zu haben, wie er einst gegen die Welt seines Vaters, des Brahmanen – wenn auch ungleich ruhiger und braver – revoltierte und in die Welt hinauszog, um zu sich selbst und zu seiner inneren Vollkommenheit zu finden. C. G. Jung betont aber darüber hinaus auch den „Zukunftscharakter"[250] des Kindarchetypus:

> Das entspricht genau den Erfahrungen der Psychologie des Einzelnen, welche zeigen, daß das ‚Kind' eine zukünftige Wandlung der Persönlichkeit vorbereitet. Es antizipiert im Individuationsprozeß jene Gestalt, die aus der Synthese der bewußten und der unbewußten Persönlichkeitselemente hervorgeht. Es ist daher ein die Gegensätze vereinigendes Symbol, ein Mediator, ein *Heilbringer* [Hervorh. i. Orig.], das heißt Ganzmacher.[251]

Auch im „Siddhartha" bedeutet das Kind, genauer Siddharthas Sohn, dass dieser dabei ist, eine neue Stufe der Persönlichkeitsentwicklung zu erreichen: Er wird erkennen, dass eine persönliche und individuelle Liebe in der allumfassenden und uneigennützigen Liebe aufgehen muss. Liebe darf nicht in Besitzenwollen ausarten, denn dann erhält sie egoistische Züge und gleicht der Liebe zu Macht und Reichtum. Ein Kind ist ein Mensch mit eigenem Willen und lässt sich, wie Siddhartha am eigenen Leib erfahren muss, nicht besitzen und durch Gutmütig-

---

[249] Jung, Die Archetypen und das kollektive Unbewußte, S. 175.
[250] Ebd., S. 178.
[251] Ebd.

keit besänftigen. Wenn das Kind nun, nach C. G. Jung, ein Symbol für die Ganzheitlichkeit ist, so bedeutet es hier, dass die Hauptfigur Siddhartha nun dabei ist, die letzte Hürde auf dem Weg zu seiner psychischen Ganzheit und Vollkommenheit zu nehmen. Indem Siddhartha seinen Sohn ziehen lässt, erkennt er die Einheit alles Seins und findet damit zu sich selbst. Doch um zu dieser Loslösung zu gelangen, bedurfte es nach wie vor der eigenen und unmittelbaren Erfahrung, denn Siddhartha setzte sich auch dieses Mal über alle gut gemeinten Ratschläge, namentlich denen des Fährmanns Vasudeva, hinweg und musste selbst erleben, wie es ist, unter der Trennung von einem geliebten Menschen zu leiden. Siddhartha findet nur „losgelöst von allen Interessen, von allen Bindungen an einzelne Menschen und einzelne Formen des Seins in der Welt“[252] zu seinem vollkommenen Selbst, das frei von allem Begehren und Verlangen, aber voller Liebe für alle Erscheinungsformen der Welt ist. Nachdem Siddhartha die Suche nach dem entlaufenen Sohn aufgibt, wird ihm klar, worum es in seinem Individuationsprozess wirklich geht: „Harmonie, Wissen um die ewige Vollkommenheit der Welt, Lächeln, Einheit“ (SD, 458). Indem Siddhartha die Vollkommenheit der Welt und allen Seins erkennt, hat er auch seine eigene psychische Vollkommenheit erreicht und ist damit am endgültigen Ziel seiner Individuation angelangt.

Siddharthas Sohn symbolisiert und wiederholt also in anderer Form seinen eigenen Individuationsprozess, sprich den Vorrang der eigenen Lebenserfahrung vor erzieherischer Einwirkung von jemandem, der diese Erfahrungen bereits durchlaufen hat. Siddhartha lernt zum ersten Mal in seinem Leben eine persönliche und tiefe Liebe zu jemandem kennen, muss jedoch, will er zu Selbsterkenntnis gelangen, diese egoistisch und besitzergreifend gefärbte Art der Liebe zugunsten einer uneigennützigen und allumfassenden Liebe, die frei von Verlangen und Begehren ist, aufgeben. Psychoanalytisch betrachtet, zeigt die Figur des Sohnes *ödipale* Züge, indem sie Siddhartha nicht als Vater akzeptiert und stattdessen sich selbst als die ‚wahre Liebe' seiner Mutter Kamala sieht. Siddhartha ist für seinen Sohn lediglich der Erzeuger und sexuelle Geliebte der Mutter, vor dem er keinerlei Respekt hat und dem er nur Hass und Ablehnung entgegenbringt. Nach C. G. Jung stellt der Sohn den *Kindarchetypus* dar, der die Vorwegnahme einer Persönlichkeitsentwicklung und ein Ganzheitssymbol darstellt.

4.2.5 Die Flusssymbolik

Der Fluss spielt in Hermann Hesses „Siddhartha“ eine besonders wichtige Rolle, insbesondere nach Siddharthas Selbstmordversuch. Der Fluss stellt hier das Wiedergeburtserlebnis, bei dem Siddhartha zu neuem Leben erweckt wird, dar:

> In diesem Fluß hatte sich Siddhartha ertränken wollen, in ihm war der alte, müde, verzweifelte Siddhartha heute ertrunken. Der neue Siddhartha aber fühlte eine tie-

[252] Bansal, Das mönchische Leben, S. 118.

fe Liebe zu diesem strömenden Wasser und beschloß bei sich, es nicht so bald wieder zu verlassen. (SD, 438)

Der Fluss symbolisiert hier einen inneren Wandel, bei dem der Todeswunsch zur lebenserhaltenden Energie wird. Der Fluss steht hier, was auch durch seine Dynamik des Fließens angedeutet wird, für das Lebendige und sich stets Wandelnde. Er hat eine lebenserhaltende Funktion, gleich den Freudschen *Lebens-* oder *Sexualtrieben*, die „immer wieder die Erneuerung des Lebens anstreben und durchsetzen."[253] Indem der Fluss bei Siddhartha die Lebenslust wiederherzustellen vermochte, löst er bei ihm Respekt und Verehrung aus, was ihn dazu bewegt, sich dem Fluss als Schüler anzuvertrauen:

> Wie liebte er dies Wasser, wie entzückte es ihn, wie war er ihm dankbar! Im Herzen hörte er die Stimme sprechen, die neu erwachte, und sie sagte ihm: Liebe dies Wasser! Bleibe bei ihm! Lerne von ihm! O ja, er wollte von ihm lernen, er wollte ihm zuhören. Wer dies Wasser und seine Geheimnisse verstünde, so schien ihm, der würde auch viel anderes verstehen, viele Geheimnisse, alle Geheimnisse. (SD, 439)

Hier zeigt sich eine weitere wichtige, wenn nicht sogar die wichtigste Funktion des Flusses für Siddhartha: Er weckt seine inneren, unbewussten Kräfte und schafft es, ihn wieder die Stimme seines Inneren hören zu lassen, die er während seines Stadt- und Lustlebens vergessen hatte. Damit hat der Fluss eine direkte Beziehung zu Siddharthas Unbewusstem. Für C. G. Jung ist das Wasser ein Symbol des Unbewussten: „Das Wasser ist das geläufigste Symbol für das Unbewußte."[254] Indem Siddhartha am Fluss bleiben möchte und von ihm lernen will, akzeptiert er auch sein Unbewusstes und räumt ihm nun wieder den Vorrang vor dem Intellekt ein.

Der Fluss bedeutet auch die Loslösung von der Zeit und von dem chronologischen Nacheinander. Es gibt keine Vergangenheit und Zukunft, sondern nur die „ewige Gegenwart"[255]:

> Und als ich es gelernt hatte, da sah ich mein Leben an, und es war auch ein Fluß, und es war der Knabe Siddhartha vom Manne Siddhartha und vom Greis Siddhartha nur durch Schatten getrennt, nicht durch Wirkliches. Es waren auch Siddharthas frühere Geburten keine Vergangenheit, und sein Tod und seine Rückkehr zu Brahma keine Zukunft. Nichts war, nichts wird sein; alles ist, alles hat Wesen und Gegenwart. (SD, 443)

Siddhartha wird klar, dass er alle seine Leiden und Nöte überwinden kann, wenn er die Zeit überwindet (vgl. ebd.). Und indem alles gleichzeitig ist und existiert, gibt es auch keine Aufspaltungen mehr, sondern nur noch „die Ganzheit alles

---

[253] Freud, Psychologie des Unbewußten, S. 255.
[254] Jung, Die Archetypen und das kollektive Unbewußte, S. 28.
[255] Thomassen, Am Ufer des Flusses, S. 20.

Seienden“[256]. Dies ist ein „Bereich der reinen Existenz, wo alle Dinge harmonisch miteinander und nebeneinander bestehen.“[257] Der Fluss hat „viele Stimmen, sehr viele Stimmen“ (SD, 443) und beinhaltet in seiner Stimme „alle Stimmen der Geschöpfe“ (SD, 444). Der Fluss verkörpert also im „Siddhartha“ bildlich die All-Einheit, welche die einzelnen Lebewesen in sich aufnimmt und zu einem Ganzen zusammenfasst. Damit zeigt sich hier erneut das Ideal einer Ganzheitlichkeit, die jedoch, anders als im „Demian“, nicht mehr nur aus zwei gegensätzlichen Polen besteht, sondern aus allen Daseinsformen, die existieren. Auf dieser Grundlage lässt sich der Fluss als ein Symbol des Jungschen *Selbst* verstehen, das „die Ganzheit der Psyche“[258] darstellt. Hier symbolisiert der Fluss aber nicht nur die psychische Ganzheit und damit das Individuationsziel Siddharthas, sondern die Ganzheit und Einheit der Welt überhaupt und alles in ihr Lebenden.

Der Fluss spiegelt Siddhartha eines Tages, als er auf das Wasser blickt, das Gesicht seines Vaters wider und zeigt ihm damit das Moment der Wiederholung:

> Siddhartha blieb stehen, er beugte sich übers Wasser, um noch besser zu hören, und im still ziehenden Wasser sah er sein Gesicht gespiegelt, und in diesem gespiegelten Gesicht war etwas, das ihn erinnerte, etwas Vergessenes, und da er sich besann, fand er es: dies Gesicht glich einem andern, das er einst gekannt, geliebt und auch gefürchtet hatte. Es glich dem Gesicht seines Vaters, des Brahmanen. [...] War es nicht eine Komödie, eine seltsame und dumme Sache, diese Wiederholung, dieses Laufen in einem verhängnisvollen Kreise? (SD, 459)

Siddhartha muss hier erkennen, dass er selbst eine Wiederholung seines Vaters und sein Sohn Siddhartha junior auch wiederum eine Wiederholung von ihm selbst ist. Im Sinne der Gleichzeitigkeit würde das bedeuten, dass Siddhartha, sein Vater und sein Sohn alle eine Einheit sind und zusammen ein Ganzes bilden, das selbst wieder Teil eines noch größeren Ganzen darstellt. Siddharthas Sohn tut den gleichen Schritt in den Individuationsprozess wie einst Siddhartha: Er verlässt den Vater, dessen Welt nicht die seine ist, um seine eigene Bestimmung und Lebensaufgabe zu finden. Auch dieser Sachverhalt veranschaulicht den Aspekt der Wiederholung aller Seinsformen. Der Vater und seine Existenz wiederholen sich im Sohn, im Enkel wiederholt sich der Sohn usw. Das alles lässt sich auch mit dem Begriff der Wiedergeburt beschreiben: Der Vater wird im Sohn wiedergeboren, was sich darin zeigt, dass dieser die gleichen Fehler macht und machen muss, um schließlich seinen eigenen Weg zu finden. Die Thematik der Wiederkehr und der Wiederholung alles Seins wird noch einmal an einer anderen Stelle des Textes verdeutlicht:

---

[256] Ziolkowski, Siddhartha – Die Landschaft der Seele, S. 142.
[257] Ebd.
[258] Jung, Die Archetypen und das kollektive Unbewußte, S. 413.

> Siddhartha schaute ins Wasser, und im ziehenden Wasser erschienen ihm Bilder: sein Vater erschien, einsam, um den Sohn trauernd, er selbst erschien, einsam, auch er mit den banden der Sehnsucht an den fernen Sohn gebunden; es erschien sein Sohn, einsam auch er, der Knabe, begehrlich auf der brennenden Bahn seiner jungen Wünsche stürmend, jeder auf sein Ziel gerichtet, jeder vom Ziel besessen, jeder leidend. (SD, 460f.)

Indem Siddhartha sich selbst neben seinem Vater und seinem Sohn im Wasser erblickt, wird noch einmal der Gedanke der Einheit, hier der dreier Generationen, verdeutlicht. Der konkrete Einheitsgedanke von Vater, Sohn und Enkel wird dann zu dem der All-Einheit erweitert:

> Und alles zusammen, alle Stimmen, alle Ziele, alles Sehnen, alle Leiden, alle Lust, alles Gute und Böse, alles zusammen war die Welt. Alles zusammen war der Fluß des Geschehens, war die Musik des Lebens. (SD, 461)

Hier zeigt sich das Bild der Welt als einer Ganzheit, welche alle Menschen, samt ihrer Leiden, Freuden, Begierden und Ziele in sich aufnimmt. In der oben zitierten Textstelle findet sich auch ein weiterer Hinweis auf die Bedeutung des Flusses, wie des Wassers allgemein, als buchstäbliches ‚Lebenselixier'. Das Wasser des Flusses umfasst alle Bereiche und Aspekte des Lebens: Liebe, Hass, Leid, Freude und Sehnsucht. Es ist damit eine Verkörperung des Lebens schlechthin, es ist der „Strom des Lebens" (SD, 462) und ist daher auch imstande, Siddhartha von seinem ursprünglichen Todeswunsch abzubringen.

Der Fluss steht im „Siddhartha" für die Wiedergeburt und ist ein Bekenntnis zum Leben, mit allen seinen Schwierigkeiten und Nöten. Indem der Fluss Siddhartha wieder sich selbst und vor allem seiner inneren Stimme näher bringt, steht er auch für die unbewussten Kräfte, die Siddhartha nutzen lernen muss. Das Flusswasser symbolisiert darüber hinaus den Ganzheitsgedanken und lässt sich deshalb als ein Symbol des Jungschen *Selbst* interpretieren. Diese Ganzheit, wie sie hier im „Siddhartha" dargestellt wird, bezieht sich aber nicht nur auf die Zusammenfassung zweier entgegengesetzter Pole, wie in Hesses „Demian", sondern auf das Umfassen aller Daseinsformen der Welt samt ihrer Freuden, Leiden, Gedanken und Gefühle. Im Vergleich zum „Demian" erfährt der Ganzheitsgedanke im Roman „Siddhartha" also – wie die Flusssymbolik zeigt – eine beträchtliche Erweiterung und wird auf die Einheit aller Seinsformen ausgedehnt.

4.2.6 Das Vogelmotiv und die Darstellung von Freiheit und Wiedergeburt

Das Vogelmotiv taucht an einem Wendepunkt in Siddharthas Leben auf: Er hat viele Jahre ein Lust- und Weltleben geführt, das ihn mittlerweile aber nicht mehr erfüllt. Siddhartha hat inzwischen die Verbindung zu seinem Unbewussten und zu seiner inneren Stimme vollkommen verloren, als er Folgendes träumt:

> Kamala besaß in einem goldenen Käfig einen kleinen seltenen Singvogel. Von diesem Vogel träumte er. Er träumte: dieser Vogel war stumm geworden, der sonst stets in der Morgenstunde sang, und da dies ihm auffiel, trat er vor den Käfig und blickte hinein, da war der kleine Vogel tot und lag steif am Boden. Er nahm ihn heraus, wog ihn einen Augenblick in der Hand und warf ihn dann weg, auf die Gasse hinaus, und im gleichen Augenblick erschrak er furchtbar, und das Herz tat ihm weh, so, als habe er mit diesem toten Vogel allen Wert und alles Gute von sich geworfen. (SD, 427)

Indem der Vogel in einem goldenen Käfig sitzt, wird auf Siddharthas innere Unfreiheit während seines Weltlebens Bezug genommen. Siddhartha muss sich an die Regeln des menschlichen Alltags halten und zusehen, wie er seinen Reichtum, seine Macht und sein Ansehen wahren und vermehren kann. Dabei geht ihm der Kontakt zu seiner inneren Stimme verloren, was im Traum symbolisch durch das Verstummen des (inzwischen toten) Vogels dargestellt wird. Der Vogel steht also für Siddharthas Unbewusstes und dessen Ganzheit. Indem Siddhartha den Vogel im Traum auf die Gasse wirft, wird er an „die verlorene und quasi ‚weggeworfene' seelische Ganzheit“[259] erinnert, welche früher, vor seinem weltlichen Leben, sein eigentliches Lebens- und Individuationsziel war. Siddhartha hat sich von dieser seelischen Ganzheit deshalb entfernt, weil er nur noch eine Seite seines Selbst auslebt, nämlich die sinnlich-materielle, der es um so vergängliche Werte wie Reichtum und Macht geht. Diese Einseitigkeit des Lebenswandels besiegelt das (vorläufige) Ende von Siddharthas ganzheitlichem Selbst. Siddhartha erkennt im Traum jedoch, dass er dabei ist, seine eigentliche Bestimmung aus den Augen zu verlieren und ist darüber erschrocken und „das Herz tat ihm weh“ (SD, 427).

Indem der Vogel und sein Gesang Siddharthas innere und unbewusste Stimme – welche nach seiner Wiedergeburt am Fluss zu neuem Leben erwacht – symbolisieren, ist hier der Vogel ein „Seelenvogel“[260], so wie „Engel eigentlich Vögel [sind]“[261]. Der Vogel stellt nach C. G. Jung auch ein Symbol für den Geist dar: „Der Vogel ist als Luftwesen ein bekanntes Symbol des Geistes.“[262] Er steht für „Gedanken und Gedankenflug“[263] und vor allem für die „Phantasien und intuitive[n] Ideen“[264], was das Bild des Vogels deutlich in den Bereich des Unbewussten rückt.

Nach seinem Abrücken von den Selbstmordabsichten, erwacht in Siddhartha auch die Stimme seines Unbewussten wieder, die er selbst als Vogel bezeichnet: „Und doch ist dieser Weg sehr gut gewesen, und doch ist der Vogel in meiner Brust nicht gestorben.“ (SD, 436) Da Siddhartha am Fluss, als er sich

---

[259] Baumann, Hermann Hesses Erzählungen, S. 142.
[260] Jung, Symbole der Wandlung, S. 318.
[261] Ebd.
[262] Jung, Die Archetypen und das kollektive Unbewußte, S. 353.
[263] Jung, Psychologie und Alchemie, S. 234.
[264] Ebd.

zunächst das Leben nehmen will, ihm dann jedoch ein Erweckungserlebnis widerfährt, wieder imstande ist, seine innere Stimme, die des Unbewussten, zu hören, stellt der Vogel auch ein Wiedergeburtssymbol dar. Der Vogel (= Siddharthas Unbewusstes) fängt wieder an zu singen und ist am Fluss, als Siddharthas Lebenswille von neuem erwacht, wiedergeboren worden. Siddhartha kann nun erneut seiner inneren Stimme folgen und sich von ihr zu seiner seelischen Ganzheit führen lassen. Er ist nun innerlich nicht mehr gefangen und an weltliche Dinge wie Besitz oder Ansehen gebunden, was einen „Selbstgeburtsprozeß der Freiheit“[265] darstellt. Indem sich Siddhartha wieder auf seine unbewussten Kräfte und Energien besinnt, ist er zu einer neuen, inneren Freiheit gelangt, die nicht mehr von Gedanken an oberflächliche und vergängliche Werte eingeengt wird, so wie Kamalas Vogel im goldenen Käfig künstlich eingeengt und gefangen war. Siddhartha sagt in diesem Zusammenhang einmal zu sich selbst:

> Ich lobe dich, Siddhartha, nach so vielen Jahren der Torheit hast du wieder einmal einen Einfall gehabt, hast etwas getan, hast den Vogel in deiner Brust singen hören und bist ihm gefolgt! (SD, 437)

Der Vogel vertritt damit auch Siddharthas Lebenstriebe, denn nur, wenn er den Vogel, sprich seine innere Stimme, hört, ist er in der Lage, Lebensmut zu schöpfen. Nach Sigmund Freud bezeichnet die *Libido* die sexuellen Antriebskräfte[266], welche im Rahmen der Freudschen Triebtheorie als *Sexualtriebe* eine lebenserhaltende Funktion innehaben[267]. Das Vogelmotiv ist im „Siddhartha“, wie auch im „Demian“, ein Libidosymbol, da es die *Lebenstriebe*, welche Freud auch als *Sexualtriebe* bezeichnet, symbolisiert. Die Freudsche *Libido* wiederum stellt den Bezug zu Trieb, Sexualität und Energie her, was sie unmittelbar zu den Lebenstrieben in Beziehung setzt. Und da der Vogel im „Siddhartha“ für den Willen zum Leben steht, zeigt er eine deutlich libidinöse Ausrichtung.

Das Vogelmotiv verkörpert im „Siddhartha“ das Unbewusste und dessen Stimme, welche Siddhartha benötigt, um zu seinem Individuationsziel, der psychischen Ganzheit, zu gelangen. Es symbolisiert auch das ganzheitliche Selbst, welches Siddhartha während seines weltlichen Lebens in der Stadt aus den Augen verliert, da er nur eine Seite seines Selbst, die sinnlich-materielle, auslebt. Darüber hinaus stellt der Vogel Siddharthas Lebenswillen dar, da der Vogel zu neuem Leben erwacht, als Siddhartha erkennt, dass der Selbstmord kein Ausweg aus seinem Leiden und seinen Nöten ist. Mit dem Vogel erwacht auch Siddharthas Unbewusstes zu neuem Leben und kann ihn von innen heraus wieder führen und seiner seelischen Ganzheit näher bringen. Der Vogel ist außerdem als Libidosymbol zu verstehen, da er die Freudschen *Sexual-* oder *Lebenstriebe* in Siddhartha darstellt, welche wiederum als sexuelle Antriebskräfte die *Libido* ausmachen.

---

[265] Haas, Über das Wesen des Todes, S. 254.
[266] Vgl. Freud, Sexualleben, S. 121
[267] Vgl. Freud, Psychologie des Unbewußten, S. 250.

4.3 Die Figuren, Symbole und Motive des Romans „Der Steppenwolf"

4.3.1 Harry Haller, der Steppenwolf und die Darstellung einer inneren Zerrissenheit

Hermann Hesses Roman „Der Steppenwolf" verfügt über drei verschiedene Erzählebenen bzw. Erzählperspektiven: Die erste ist das Vorwort des fiktiven Herausgebers von Harry Hallers Aufzeichnungen, welches Hallers Leben aus dem Blickwinkel eines so genannten ‚Spießbürgers' betrachtet. Harry Haller, die Hauptfigur des Romans und gesellschaftlicher Außenseiter, wird hier „mit der nämlichen Mischung von dunkler Faszination und ängstlicher Distanz, von reserviertem Verständnis und bürgerlichen Vorbehalten"[268] beschrieben und charakterisiert. Auf das Vorwort des Herausgebers folgen die „zurückgelassenen Aufzeichnungen"[269] Harry Hallers, die in der Ich-Form verfasst sind. Hier erhält der Leser einen unmittelbaren Eindruck von Harry Hallers Gefühlen und Gedanken. Es ist die Sicht des Außenseiters auf die (bürgerliche) Gesellschaft und sich selbst. In diesen Abschnitt der Hallerschen Aufzeichnungen ist die dritte Erzählperspektive eingebettet, der „Tractat vom Steppenwolf", welcher im Stil „eines populärwissenschaftlich gefaßten Essay"[270] abgefasst ist, und der sich mit Harry Hallers psychischen Konflikten auf einer theoretisch-sachlichen Ebene auseinandersetzt. Die zentrale Thematik aller drei Erzählperspektiven ist die innere Zerrissenheit Hallers zwischen der animalisch-instinktiven Seite seines Selbst, dem Steppenwolf, und dem feinsinnigen, zivilisierten und bürgerlichen Teil seines Selbst.

Im Vorwort des fiktiven Herausgebers – Harry Haller wohnte bei dessen Tante zur Untermiete (vgl. SW, 7) – wird zunächst auf Hallers äußere Erscheinung eingegangen und bereits hier zeigen sich Widersprüchlichkeiten:

> Er [sc. Harry Haller] war nicht sehr groß, hatte aber den Gang und die Kopfhaltung von großgewachsenen Menschen, er trug einen modernen bequemen Wintermantel und war im übrigen anständig, aber unsorgfältig gekleidet, glatt rasiert und mit ganz kurzem Kopfhaar, das hier und dort ein wenig grau flimmerte. Sein Gang gefiel mir anfangs gar nicht, er hatte etwas Mühsames und Unentschlossenes, das nicht zum Ton und Temperament seiner Rede paßte. (SW, 8)

Da steht also Sorgfalt neben Mühsal und Unentschlossenheit, welche wiederum auf eine innere Zwiespältigkeit hindeutet. Der Herausgeber, als Vertreter der bürgerlichen und zivilisierten Welt, sieht im Äußeren Hallers lediglich die eine Seite von dessen Selbst, nämlich die geistvolle und kultivierte:

---

268 Baumann, Hermann Hesses Erzählungen, S. 190.

269 Hesse, Der Steppenwolf, in: Sämtliche Werke, S. 7. Die Zitate werden im Folgenden unter der Sigle SW nachgewiesen.

270 Baumann, Hermann Hesses Erzählungen, S. 194.

> Er machte durchaus und gleich beim ersten Anblick den Eindruck eines bedeutenden, eines seltenen und ungewöhnlich begabten Menschen, sein Gesicht war voll Geist, und das außerordentlich zarte und bewegliche Spiel seiner Züge spiegelte ein interessantes, höchst bewegtes, ungemein zartes und sensibles Seelenleben. (SW, 11)

Doch auch dem Herausgeber und Bürger entgehen gewisse problematische Züge in Hallers Auftreten nicht, da er „spürte, daß der Mann [sc. Haller] krank sei, auf irgendeine Art geistes- oder gemüts- oder charakterkrank" (SW, 13). Der Spießbürger, dessen Namen wir nicht erfahren, reagiert mit Abwehr und „dem Instinkt des Gesunden" (ebd.) auf die psychopathologische Ausstrahlung Hallers. Der Untermieter Harry Haller ist für den Herausgeber und die bürgerliche Welt „der Fremde in der bürgerlichen Wohnung"[271] und „ein Steppenwolf, ein fremdes, wildes und auch scheues, sogar sehr scheues Wesen aus einer anderen Welt als der meinigen." (SW, 7) Mit der Charakteristik des Steppenwolfs in Hallers Psyche setzt sich der „Tractat" ausführlich auseinander, auf den an späterer Stelle näher eingegangen wird.

Entgegen all seiner Fremdheit, die er in seiner Ausstrahlung an den Tag legt und mit der Harry Haller die bürgerliche Umgebung betritt, hat er doch eine große Sehnsucht nach bürgerlichen Werten wie Sauberkeit und Ordnung, wie Haller selbst eines Tages zum Herausgeber des Vorwortes sagt:

> Lieber Herr, nichts liegt mir ferner, als diese Reinlichkeit und Ordnung etwa verlachen zu wollen. Es ist richtig, ich selbst lebe in einer anderen Welt, nicht in dieser, und vielleicht wäre ich nicht imstande, es auch nur einen Tag lang in einer Wohnung mit solchen Araukarien auszuhalten. Aber wenn ich auch ein alter und etwas ruppiger Steppenwolf bin, so bin doch auch ich der Sohn einer Mutter, und auch meine Mutter war eine Bürgersfrau und zog Blumen und wachte über Stube und Treppe, Möbel und Gardinen und bemühte sich, ihrer Wohnung und ihrem Leben so viel Sauberkeit, Reinheit und Ordentlichkeit zu geben, als nur immer gehen wollte. (SW, 18)

Das Bürgerliche und dessen Werte sind dem selbsttitulierten „Steppenwolf" Harry Haller also von frühester Kindheit an vertraut, da er selbst einem bürgerlichen Milieu entstammt. Hier werden erste autobiographische Bezüge[272] auf den Autor Hermann Hesse deutlich, da auch er aus einem auf Sauberkeit und Ordnung bedachten Missionarshaus kam. Über die Figur des Harry Haller heißt es darüber hinaus auch, dass „er von liebevollen, aber strengen und sehr frommen

---

[271] Kim, Das Fremde – Die Sprache – Das Spiel, S. 145.

[272] Vgl. dazu Niefanger, Hermann Hesses Steppenwolf, S. 93: „Aus der autobiographischen Grundierung des *Steppenwolfs* [Hervorh. i. Orig.] hat Hesse niemals ein Hehl gemacht; er hat sie immer betont und verbreitet." Tatsächlich schreibt Hermann Hesse in einem Brief an Heinrich Wiegand von 1926 – das ist der Zeitraum, in dem der „Steppenwolf" entstand –, dass er „keine Dichtung, sondern eben Bekenntnis" (Hesse, Briefe, Bd. 2, S. 154) schreibe und dass er „wie ein Ertrinkender oder Vergifteter sich nicht mit seiner Frisur beschäftigt oder mit der Modulation seiner Stimme, sondern eben hinaus schreit" (ebd.).

Eltern und Lehrern in jenem Sinne erzogen wurde, der das ‚Brechen des Willens' zur Grundlage der Erziehung macht" (SW, 14). Auch hier ein deutlicher autobiographischer Hinweis auf des Autors Kindheit im streng pietistischen Elternhaus und der wenig glücklich verlaufenen schulischen Laufbahn im Seminar von Maulbronn.[273] Der Herausgeber spricht in seinem „Vorwort" auch die innere Zerrissenheit Harry Hallers an, indem er dessen psychische Probleme auf den „nicht zur Harmonie gelangten großen Reichtum seiner Gaben und Kräfte" (SW, 13f.) zurückführt. Wo es eine Vielheit an Fähigkeiten und Charaktereigenschaften gibt, existiert auch keine psychische Einheit, insbesondere dann, wenn sich die Fähigkeiten und Eigenschaften widersprechen und bekämpfen. Der Herausgeber schließt seine Ausführungen über den ehemaligen Untermieter seiner Tante, dessen Aufzeichnungen er herausgibt, mit der Feststellung, dass dieser „zwischen zwei Zeiten hineingeraten" (SW, 24) sei, „die aus aller Geborgenheit und Unschuld herausgefallen sind" (ebd.). Damit wird eine Verbindung von Hallers persönlichem Leiden zu den Problemen und Nöten der Generation, welche zwischen den beiden Weltkriegen lebte, hergestellt. Der „Steppenwolf" ist auch ein sozialkritisches Buch, welches Kriege und einen unmenschlich rasanten Fortschritt in den Bereichen Wissenschaft und Technik anprangert.

Auf die Vorbemerkungen des Herausgebers folgen Harry Hallers Aufzeichnungen, die unmittelbar in dessen Gefühls- und Gedankenwelt hineinblicken lassen. Zu Beginn seiner Aufzeichnungen geht Haller auf sein gespaltenes Verhältnis zum Bürgertum ein. Einerseits sieht er sich als „einsame[n] Hasser der kleinbürgerlichen Welt" (SW, 29), andererseits verspürt er eine Sehnsucht und bisher uneingestandene Liebe zur bürgerlichen Welt:

> Ich liebe diese Atmosphäre ohne Zweifel aus meinen Kinderzeiten her, und meine heimliche Sehnsucht nach so etwas wie Heimat führt mich, hoffnungslos, immer wieder diese alten dummen Wege. Nun ja, und ich habe auch den Kontrast gern, in dem mein Leben, mein einsames, liebloses und gehetztes, durch und durch unordentliches Leben, zu diesem Familien- und Bürgermilieu steht. (Ebd.)

Bereits hier deutet sich Harry Hallers neurotische Persönlichkeitsspaltung an: Er ist zwischen ungeordnetem und unstrukturiertem Steppenwolf-Dasein und der eigenen bürgerlichen Herkunft, die ihn immer wieder in bürgerliche Umgebungen führt, hin- und hergerissen. Im Zusammenhang mit dem *Kindarchetypus* führt C. G. Jung über *Dissoziationen* aus:

> Solche Dissoziationen ereignen sich auf Grund von Inkompatibilitäten, zum Beispiel der Gegenwartszustand ist mit dem Kindheitszustand in Widerspruch geraten. Man hat sich vielleicht gewaltsam von seinem ursprünglichen Charakter getrennt zugunsten einer willkürlichen, der Ambition entsprechenden Persona. Man ist damit unkindlich und künstlich geworden und hat so seine Wurzeln verloren.

---

[273] Vgl. Schneider, Hermann Hesse, S. 19.

> Das ist die günstige Gelegenheit für eine ebenso vehemente Konfrontation mit der ursprünglichen Wahrheit.[274]

Auch Harry Haller hat sich von seinem „ursprünglichen Charakter" des Bürgers zugunsten einer neuen unordentlichen, unnahbaren, einzelgängerischen und absolut antibürgerlichen Bohemien-*Persona*[275] verändert. Damit entfremdete sich Haller seiner Kindheit, an die er sich nun durch seine ständige unbewusste Flucht in Bürgerhäuser wieder heranzutasten versucht. Damit gerät Haller, mit Jung gesprochen, in einen Konflikt zwischen „Vergangenheitszustand" (bürgerliche Kindheit) und „Gegenwartszustand" (einsames Außenseiterleben eines Künstlers). Auch Haller versucht mit seiner *Persona*, sprich seiner Maske (vgl. Anm. 273), sowohl der bürgerlichen Umgebung – was sich in der Höflichkeit und Freundlichkeit, mit der er auf die Bürgersleute zugeht, ausdrückt (vgl. SW, 8) – als auch sich selbst – durch Distanz, Einsamkeit und Unauffälligkeit – gerecht zu werden. Haller sehnt sich aber nicht nur nach der heilen und geborgenen Bürgerswelt, sondern weit darüber hinaus auch nach der Vereinigung der Gegensätze, in die sein Selbst gespalten ist, nämlich des instinkt- und trieborientierten Steppenwolfs mit dem musischen, zivilisierten und feingeistigen Bürger Harry Haller. Also auch im „Steppenwolf" geht es um den Individuationsweg hin zu einer psychischen Ganzheit.

Als Harry Haller eines Abends eine Straße entlanggeht, sieht er eine Veränderung an einer Steinmauer, an der er bereits des Öfteren vorbeigegangen war:

> Auch jetzt wieder sah ich die alte Mauer still in ihrem Frieden liegen, und doch war etwas an ihr verändert, ich sah ein kleines hübsches Portal mit einem Spitzbogen in der Mitte der Mauer und wurde irr, denn ich wußte wahrhaftig nicht mehr, ob dies Portal immer dagewesen oder neu hinzugekommen war. [...] Da sah ich über dem Portal auf dem alten Graugrün der Mauer einen Fleck matt beschienen, und über den Fleck liefen bewegliche bunte Buchstaben und verschwanden alsbald wieder, kamen wieder und verflogen. (SW, 32f.)

Es stellt sich heraus, dass die Buchstaben als „Magisches Theater – Eintritt nicht für jedermann" (SW, 33) und „Nur für Verrückte (SW, 34) zu lesen sind. Hier wird die Begegnung Hallers mit dem Magischen Theater, das als Symbol seiner psychischen Zersplitterung zu interpretieren ist, bereits angedeutet und vorbereitet. Es liegt nahe und ist sehr wahrscheinlich, dass es bei der Beschreibung der Veränderung an der Mauer nicht um ein reales Erlebnis, sondern um die symbolisch-bildhafte Beschreibung seelischer Vorgänge geht. Interessant ist an dieser Stelle, dass sich die Buchstaben nicht ohne Probleme lesen lassen, da sie immer wieder verschwinden, insbesondere dann, wenn Haller beginnt, sich in Gesell-

---

[274] Jung, Die Archetypen und das kollektive Unbewußte, S. 176.

[275] Die *Persona* ist nach Jung eine Maske, die sowohl den Absichten desjenigen, der sie sich zulegt, als auch den Ansprüchen und Meinungen seiner Umgebung entspreche (vgl. Jung, Psychologische Typen, S. 505).

schaftskritik und Selbstmitleid zu ergehen (vgl. SW, 33). Dies deutet darauf hin, dass es sich bei den Buchstaben um unbewusste Inhalte handelt, die sich nicht mit dem Bewusstsein und Intellekt (Hallers Kritik an der Gesellschaft) erfassen lassen.

> Die Inhalte des Unbewußten sind nicht willentlich aktivierbar, sondern manifestieren sich autonom und nur nach entsprechender Vorbereitung des Ich-Bewußtseins. Das ‚Magische Theater' kann nicht gesucht, sondern nur gefunden werden.[276]

Das Magische Theater ist ein Symbol für Harry Hallers zersplitterte Psyche, die es zu vereinigen gilt, will er zu innerem Frieden und zu innerer Stabilität finden. Als Haller die Straße nach einer Weile erneut entlanggeht, ist das Portal, und damit seine unbewussten Veränderungen, wieder verschwunden:

> Gelassen sah die dunkle steinerne Wand mich an, in tiefer Dämmerung, zugeschlossen tief in ihren Traum versunken. Und nirgends ein Tor, nirgends ein Spitzbogen, nur dunkle, stille Mauer ohne Loch. (SW, 39)

Genau in diesem Moment, als Haller die (innere, psychische) Mauer verschwunden glaubt, trifft er auf einen Trödler, von dem er ein kleines Büchlein, den „Tractat vom Steppenwolf", erhält (vgl. SW, 40).

Im „Tractat" geht es um Harry Hallers innere Zerrissenheit zwischen Steppenwolf und zivilisiertem Menschen. Hallers psychische Grundproblematik wird auf einer sachlichen und objektiven Ebene erläutert, jedoch allein auf Harry Haller bezogen. Damit hat der Traktat auch eine subjektive und individuelle Dimension und vermittelt den Eindruck eines allwissenden und psychologisch gut ausgebildeten „Tractat"-Verfassers:

> Es handelt sich um einen allwissenden Erzähler mit unglaublich kompetenten, bis ins Detail exakten analytischen Fähigkeiten. Haller wurde die ganze schlimme Zeit hindurch bis in seine persönlichste und innigste Krankheit ‚buchstäblich' beobachtet, was nun in Form eines ‚Tractats für die Verrückten' zutage tritt [...].[277]

Der Traktat geht zunächst auf Hallers zersplitterte Psyche und deren Zerfall in einen menschlichen und einen tierisch-wölfischen Teil ein:

> Bei unsrem Steppenwolfe nun war es so, daß er in seinem Gefühl zwar bald als Wolf, bald als Mensch lebte, wie es bei allen Mischwesen der Fall ist, daß aber, wenn er Wolf war, der Mensch in ihm stets zuschauend, urteilend und richtend auf der Lauer lag und in den Zeiten, wo er Mensch war, tat der Wolf ebenso. (SW, 46)

---

[276] Baumann, Hermann Hesses Erzählungen, S. 193.
[277] Kim, Das Fremde – Die Sprache – Das Spiel, S. 131.

Hier zeigt sich die Aufspaltung Harry Hallers in einen tierisch-instinktiven und menschlich-rationalen Teil, die sich beide gegenseitig bekämpfen und miteinander uneins sind. Doch Haller „wollte, wie jedes Wesen, als Ganzes geliebt werden“ (SW, 47). Er sucht unbewusst, wie auch Emil Sinclair und Siddhartha, nach der inneren Ganzheitlichkeit und versucht, seine dissoziative und zerfallene Seele zu einen, was ihm nicht gelingt. Im Sinne C. G. Jungs ist der Steppenwolf, das einsame, unzivilisierte und instinktbehaftete Raubtier, als Harry Hallers *Schatten* anzusehen, der ein „lebendiger Teil der Persönlichkeit“[278] und nicht zu unterdrücken oder umgehen ist. Der Steppenwolf, das „tierische[] Triebwesen“[279], lässt sich nicht verdrängen oder in irgendeiner Form ausschalten. Sobald Harry versucht das zu tun, zeigt ihm der innere Wolf die Zähne und „lachte und zeigte ihm mit blutigem Hohn, wie lächerlich dieses ganze edle Theater einem Steppentier zu Gesicht stehe“ (SW, 46). Harry Haller möchte, dass *auch* dieser Schatten, dieser instinktive und unbürgerliche Teil seines Selbst, von seiner Umgebung wahrgenommen und akzeptiert wird. Doch viele Mitmenschen sehen *nur* noch den Steppenwolf, weil er unkonventioneller und, aus der Ferne betrachtet, interessanter als der bürgerliche Untermieter und Schöngeist Harry Haller ist (vgl. SW, 47). Kommt aber Hallers psychische Doppelnatur ans Licht, sind die Steppenwolfbegeisterten „meistens besonders enttäuscht und böse“ (ebd.), was es Harry unendlich schwer macht, zu einem ganzheitlichen Selbst zu finden. Harry Hallers Zerrissenheit weist deutliche neurotische Züge auf. Die *Neurose* beruht auf einer Versagung und Nichterfüllung von Kindheitswünschen – man beachte die Ausführungen des Herausgebers über Hallers strenges Elternhaus, in dem es für Triebe, Begierden und Gefühle überhaupt keinen Platz gab (vgl. SW, 14) –, die zunächst von außen (Elternhaus), später dann, nach Freud, vom Über-Ich übernommen wird.[280]

Als Nächstes liefert der „Tractat“ eine Charakteristik des Steppenwolfs, die dessen antibürgerliche Lebensauffassung verdeutlicht:

> Es gehörte zu den Zeichen des Steppenwolfs, daß er ein Abendmensch war. Der Morgen war für ihn eine schlimme Tageszeit, die er fürchtete und die ihm niemals Gutes gebracht hat. [...] Keine Vorstellung war im verhaßter und grauenhafter als die, daß er ein Amt ausüben, eine Tages- und Jahreseinteilung innehalten, anderen gehorchen müßte. Ein Büro, eine Kanzlei, eine Amtsstube, das war ihm verhaßt wie der Tod, und das Entsetzlichste, was er im Traum erleben konnte, war die Gefangenschaft in einer Kaserne. (SW, 49)

Der Steppenwolf symbolisiert also nicht nur den Instinkt, sondern auch in einem hohen Maß die Unabhängigkeit von allen materiellen, beruflichen und sozialen Zwängen. Doch neben dem wölfischen gibt es auch noch den angepassten Harry Haller, der zumindest am Rande versucht, sich an das bürgerliche Leben anzupassen, der freundlich und höflich gegen jedermann ist und sich mit öffentlicher

---

[278] Jung, Die Archetypen und das kollektive Unbewußte, S. 30.

[279] Baumann, „Es geht bis aufs Blut und tut weh. Aber es fördert...“, S. 48.

[280] Vgl. Freud, Psychologie des Unbewußten, S. 335.

Kritik (zunächst) zurückhält. Der unbürgerliche Steppenwolf Haller ist laut des Traktats auch den Selbstmördern zuzurechnen. Er spielt beständig mit dem Gedanken, sich umzubringen, tut es aber nicht.[281] In diesem Kontext werden der Selbstmörder und dessen psychische Labilität wie folgt beschrieben:

> Aber dem Selbstmörder ist es eigentümlich, daß er sein Ich, einerlei, ob mit Recht oder Unrecht, als einen besonders gefährdeten Keim der Natur empfindet, daß er sich stets außerordentlich exponiert und gefährdet vorkommt, so, als stünde er auf allerschmalster Felsenspitze, wo ein kleiner Stoß von außen oder eine winzige Schwäche von innen genügt, um ihn ins Leere fallen zu lassen. (SW, 51)

Hallers Hang zum Selbstmord ist mit Sigmund Freuds Theorie vom *Todestrieb* erklärbar, der, wie alle Triebe, auf die Wiederherstellung eines gewesenen Zustandes abzielt.[282] Auch Harry Haller möchte zurück in die Vergangenheit, sogar in die Urvergangenheit, nämlich „zurück zur Mutter, zurück zu Gott, zurück ins All" (SW, 51). Bei Harry Haller ist jedoch der *Lebenstrieb*, genau wie bei Siddhartha, zumindest genauso stark wie der *Todestrieb*, was ihn „vollkommen unfähig" (ebd.) macht, „jemals den realen Selbstmord zu begehen" (ebd.). Was Haller aber auch, und vielleicht besonders, daran hindert, sich umzubringen, ist der bürgerlich-pietistische Teil seiner Psyche, der den Suizid als „Sünde" (ebd.) ansieht und verabscheut. Hier, im „Tractat", und zu Beginn seines Individuationsprozesses, ist für Harry Haller, den Selbstmörder, „nicht mehr die Vollendung und Ausgestaltung" (ebd.) seines Selbst, sondern die „Auflösung" (ebd.) desselben von Bedeutung. Haller ist noch nicht zur Selbsterkenntnis fähig, doch das soll sich durch den Traktat nun ändern.

Der nächste wichtige Punkt im „Tractat" ist das Verhältnis des Steppenwolfs zum Bürgertum, das durch Ambivalenz und Widersprüchlichkeit gekennzeichnet ist: „Auf diese Weise anerkannte und bejahte er stets mit der einen Hälfte seines Wesens und Tuns das, was er mit der anderen bekämpfte und verneinte." (SW, 54) Der Steppenwolf Haller hält sich zwar nicht an einen bürgerlichen Tages- und Nachtrhythmus, geht zu ungewöhnlichen Zeiten aus dem Haus, isst unregelmäßig und ungesund, trinkt hin und wieder viel, aber nicht *zu* viel und hält nichts von Amtsstuben und Kanzleien. Aber „mit einem Dieb, Einbrecher, Lustmörder hätte er nichts anzufangen gewußt, als sie auf eine ziemlich bürgerliche Art zu bedauern" (ebd.). Darauf folgt eine Definition des „Bürgerlichen" (ebd.), welches „nichts andres als der Versuch eines Ausgleiches, als das Streben nach einer ausgeglichenen Mitte zwischen den zahllosen Extremen und

---

[281] Auch hier zeigt sich ein autobiographischer Bezug zum Autor: Hermann Hesse selbst befand sich während der Entstehungsphase des „Steppenwolfs" häufig am Rande des Suizids: „Ich lebe nun seit sieben Jahren, seit meinem Weggang von Bern, außerhalb der Menschenwelt, ohne Familie, ohne jede Lebensgemeinschaft, beinah jeden Tag vor dem Problem des Selbstmordes stehend – da sieht man die Dinge eben auf seine Art an und frißt sich auf seine Art hindurch." (Hesse, Briefe, Bd. 2, S. 132f.) Das schrieb Hesse an Helene Welti im Februar 1926.

[282] Vgl. Freud, Psychologie des Unbewußten, S. 246–248.

Gegensatzpaaren menschlichen Verhaltens“ (ebd.) sei. Als eines dieser Gegensatzpaare werden der Wüstling und der Heilige einander gegenübergestellt:

> Der eine Weg führt zum Heiligen, zum Märtyrer des Geistes, zur Selbstaufgabe an Gott. Der andre Weg führt zum Wüstling, zum Märtyrer der Triebe, zur Selbstaufgabe an die Verwesung. Zwischen beiden nun versucht in temperierter Mitte der Bürger zu leben. (SW, 55)

Der Steppenwolf verhält sich zum Bürger wie der Wüstling zum Heiligen, er ist „ein Mensch, den schon sein hoher Grad von Individuation zum Nichtbürger bestimmt“ (SW, 56), da alle übertriebene Individuation zur Zerstörung des Ichs führen könne (vgl. ebd.). Der Steppenwolf ist tatsächlich ein in sich geschlossener und einheitlicher Teil von Harrys Psyche, er ist nicht zwischen gegensätzlichen Polen zerrissen, was ihn ungehemmt und klar agieren lässt, wie sich insbesondere bei Harrys Besuch eines jungen Professors zeigen wird. Im Zusammenhang mit der inneren Gegensätzlichkeit wird im „Tractat vom Steppenwolf“ der Humor als eine Methode zur Erlangung einer psychischen Einheit, die sich bekämpfende und sich ausschließende Teile der Seele in sich vereinigt, angeführt:

> Der Humor bleibt stets irgendwie bürgerlich, obwohl der echte Bürger unfähig ist, ihn zu verstehen. In seiner imaginären Sphäre wird das verzwickte, vielspältige Ideal aller Steppenwölfe verwirklicht: hier ist es möglich, nicht nur gleichzeitig den Heiligen und den Wüstling zu bejahen, die Pole zueinander zu biegen, sondern auch noch den Bürger in die Bejahung einzubeziehen. (SW, 57)

Es geht hier, im „Steppenwolf“, darum, die psychischen Gegensätze zu vereinigen und eine innere Ganzheit zu schaffen, die einem ein gutes Leben ohne Zerrissenheit ermöglichen soll. Gleichzeitig wird im Falle des Humors auch noch eine Beseitigung des Außenseiterdaseins möglich, da der Bürger gewillt ist, diese Gegensätze anzunehmen, natürlich nur, solange sie in der „imaginären Sphäre“ vorkommen und ihn nicht persönlich und direkt etwas angehen. Im realen Leben verachtet er Zerrissenheiten und zieht diesen die psychische Einfachheit und Klarheit vor.

Im letzten Abschnitt des „Tractats vom Steppenwolf“ geht es um die Komplexität der menschlichen, spezifisch Harry Hallers Psyche. Harry Haller muss auf seinem Individuationsweg erkennen lernen, dass seine Psyche nicht bloß aus zwei Teilen, nämlich dem Schöngeist und dem Steppenwolf, sondern aus vielen einzelnen Komponenten besteht:

> Die Zweiteilung in Wolf und Mensch, in Trieb und Geist, durch welche Harry sich sein Schicksal verständlicher zu machen sucht, ist eine sehr grobe Vereinfachung, eine Vergewaltigung des Wirklichen zugunsten einer plausiblen, aber irrigen Erklärung der Widersprüche, welche dieser Mensch in sich vorfindet und die ihm die Quelle seiner nicht geringen Leiden zu sein scheinen. […] Harry besteht nicht aus zwei Wesen, sondern aus hundert, aus tausenden. Sein Leben schwingt (wie jedes Menschen Leben) nicht bloß zwischen zwei Polen, etwa dem Trieb und

> dem Geist, oder dem Heiligen und dem Wüstling, sondern es schwingt zwischen tausenden, zwischen unzählbaren Polpaaren. (SW, 59f.)

Indem Haller nicht nur aus zwei entgegengesetzten inneren Seiten besteht, sondern aus unzählbar vielen, verliert sein Unbewusstes den individuellen Charakter und lässt sich leicht mit C. G. Jungs Lehre von dem *kollektiven Unbewussten* in Verbindung bringen. Laut Jung definiert sich das kollektive Unbewusste dadurch, dass es nicht auf persönlicher Erfahrung beruhe, sondern auf der Vererbung.[283] Harry Haller besteht innerlich, laut „Tractat vom Steppenwolf", aus einer Pluralität an Wesen, was bildlich auf den kollektiven Teil seiner Psyche verweist. Harry trägt wie „jeder einzelne Mensch die seelischen Dispositionen der gesamten Menschheit in sich"[284]. Der Traktat fordert von Harry Haller, seine seelische Zersplitterung zu akzeptieren und auf eine Vereinigung der vielen „Wesen" in ihm hinzuarbeiten, anstatt sich zu zerteilen und immer nur einen der Teile seiner Psyche vollständig auszuleben:

> Statt deine Welt zu verengern, deine Seele zu vereinfachen, wirst du immer mehr Welt, wirst schließlich die ganze Welt in deine schmerzlich erweiterte Seele aufnehmen müssen, um vielleicht einmal zum Ende, zur Ruhe zu kommen. (SW, 66)

Mit diesem Satz weist der Traktat noch einmal auf die Notwendigkeit einer psychischen Ganzheit für Harry Hallers Weg zu sich selbst hin. Nur mit einer vereinigten Psyche, welche alle ihre Bestandteile annimmt und zu einem Ganzen formt, wird Haller ein ruhiges und erfülltes (Seelen-)Leben führen können. Mit dieser letzten Erklärung auf dem Weg zur Selbsterkenntnis entlässt der Traktat Harry nun in seinen weiteren Individuationsweg, der von nun an von vielen neuen Eindrücken und Erfahrungen gepflastert sein wird. Damit wechselt die Erzählperspektive wieder zu Harry Hallers in der Ich-Form verfassten Aufzeichnungen.

Nachdem Harry Haller den „Tractat vom Steppenwolf" zu Ende gelesen hat und seiner zerrissenen Seele auf diese radikale Art und Weise der Spiegel vorgehalten wurde, erwacht sein Todestrieb von neuem und er liebäugelt erneut damit, sich umzubringen (vgl. SW, 71). Als sich Harry Haller eines Tages „einer Laune folgend" (SW, 74) – oder besser: seinem Unbewussten oder seinem Instinkt nachgebend – einem Trauerzug anschließt und an der anschließenden Beerdigungszeremonie teilnimmt, ist auch sein alter Hass auf die bürgerliche Verlogenheit wieder da:

> [...] und ich sah dem Pfarrer und den übrigen Aasgeiern, Angestellten einer Begräbnisanstalt, bei ihren Verrichtungen zu, welchen sie den Anschein einer hohen Feierlichkeit und Trauer zu geben suchten, so daß sie sich vor lauter Theater und Verlegenheit und Verlogenheit überanstrengten und ins Komische gerieten, sah,

[283] Vgl. Jung, Die Archetypen und das kollektive Unbewußte, S. 55.
[284] Baumann, Hermann Hesses Erzählungen, S. 201.

> wie die schwarze Berufsuniform an ihnen niederwallte und wie sie sich Mühe gaben, die Trauergesellschaft in Stimmung zu bringen und zur Kniebeuge vor der Majestät des Todes zu zwingen. Es war vergebliche Mühe, niemand weinte, der Tote schien allen entbehrlich zu sein. (SW, 74)

Haller reagiert auf das ‚Unterhaltungsprogramm' Beerdigung mit der in ihm lauernden steppenwölfischen Wut und ergeht sich in Hassgedanken wie: „an meinem Grabe durfte keiner von diesen Totenvögeln stehen" (SW, 75) oder „es stank alles nach fauler Verbrauchtheit, nach fauler Halbundhalbzufriedenheit, es war alles alt, welk, grau, schlapp, erschöpft" (ebd.). Kurze Zeit später trifft Harry auf einen alten Bekannten, der nun ein junger Professor ist (vgl. SW, 76). Dieser Professor ist ein typischer Vertreter des Bürgertums: autoritätshörig, angepasst, redlich, ordentlich und höflich. Bei Haller regen sich die inneren Kämpfe zwischen Steppenwolf und Kulturmensch von neuem, da er zwischen Abscheu und Opportunismus schwankt. Er, der vor kurzem noch die Verlogenheit des Bürgertums beim Trauerzug angeprangert hatte, erkennt nun dieselbe bei sich wieder:

> [...] der andere Harry [stand] daneben und grinste ebenfalls, stand grinsend und dachte, was ich doch für ein eigentümlicher, verdrehter und verlogener Bruder sei, daß ich vor zwei Minuten noch gegen die ganze Welt grimmig die Zähne gefletscht hatte und jetzt beim ersten Anruf, beim ersten harmlosen Gruß eines achtbaren Biedermanns gerührt und übereifrig ja und amen sagte und mich im Genuß von ein bißchen Wohlwollen, Achtung und Freundlichkeit wie ein Ferkel wälzte. (SW, 77)

Trotz aller innerlichen Ablehnung verabredet sich Harry mit dem Professor zum Abendessen bei diesem zu Hause. Dieser Abend wird Harry Haller endgültig dem Bürgertum entfremden und seinen Hass auf dieses noch mehr vergrößern. Es ist der Abend des Steppenwolfs, der sich erstmals auch verbal bemerkbar macht. Haller ärgert sich z.B. sehr über eine Radierung, die Johann Wolfgang Goethe zeigt:

> [...] auf jeden Fall schrie mir, der ich schon hinlänglich gereizt und geladen war, diese eitle und selbstgefällige Darstellung des alten Goethe sogleich als ein fataler Mißklang entgegen und zeigte mir, daß ich hier nicht am richtigen Orte sei. Hier waren schön stilisierte Altmeister und nationale Größen zuhause, keine Steppenwölfe. (SW, 80)

Politisch ist der Professor, anders als Haller, nicht pazifistisch, sondern reaktionär-militaristisch und patriotisch gesinnt. Und das auch weniger aus Überzeugung, als aus Opportunismus. Harry Haller, der sich als Publizist gegen Kriegsführung und für das Eingeständnis der Mitschuld Deutschlands am Ersten Weltkrieg eingesetzt hatte, ist darüber entsetzt, wie sehr der junge Professor sein damaliges Vorgehen, von dem der Akademiker noch nicht weiß, dass es jener Haller war, der sich gerade bei ihm im Hause aufhält, verurteilt (vgl. SW, 81). Als das Gespräch an jenem Abend erneut auf den Dichterfürsten Goethe und dessen Bildnis im Salon des Professors zurückkommt, ergreift der Steppenwolf in Harry endgültig das Wort und nimmt keinerlei Rücksichten mehr auf bürgerliche Konventionen und Verhaltenskodizes. Haller nennt die Goetheradierung des Professors einen „süße[n] spießige[n] Salongoethe" (SW, 83), räumt bezüglich der Dauer seines Aufenthaltes in der Stadt ein, gelogen zu haben und bekennt freimütig, dass er meistens betrunken sei (vgl. ebd.). Der Steppenwolf in ihm äußert nun konkret seinen Hass auf alles Bürgerliche und bekämpft damit auch den Spießbürger in Harry Haller. Damit ist Harry wieder auf dem besten Weg, sich von seiner seelischen Ganzheit zu entfernen, da er sich in Steppenwolf und Bürger auseinanderdividiert, anstelle eine Einheit dieser beiden Seiten seiner Psyche herzustellen. Harry Haller „haßt das Bürgerliche am Professor und am Goethe-Bild, weil er das Bürgerliche in sich selbst nicht anzunehmen vermag."[285] Daraufhin verlässt Haller das Haus des Professors mit der Ahnung, dass dieses Treffen für ihn eine größere Bedeutung als für den Professor haben werde (vgl. SW, 83).

Nach diesem unerfreulichen Abend reift in Harry der definitive Entschluss, sich das Leben zu nehmen zu seiner Vollendung heran. Harry nimmt sich zunächst vor, „heut Nacht der Komödie ein Ende zu machen" (SW, 84). Doch wie bei Siddhartha kommt es auch bei Harry Haller zu einem Kampf zwischen *Lebens-* und *Todestrieb*[286], den der *Lebenstrieb* gewinnt, was Harry mit der Metapher des Kindes umschreibt: „Vernünftig sprach ich mir selber zu, wie einem geängstigten Kind, aber das Kind hörte nicht, es lief davon, es wollte leben." (SW, 85) Indem hier das Bild des Kindes auftaucht, wird auf eine bevorstehende innere Wandlung und einen neuen Lebensabschnitt hingedeutet, da das Kindmotiv, nach C. G. Jung, „eine Vorwegnahme künftiger Entwicklungen"[287] bedeutet. Und tatsächlich geht Harry Haller nicht nach Hause um sich zu töten, sondern wandert zunächst von Kneipe zu Kneipe, bis er zu einem Wirtshaus kommt, das für seine weitere psychische Entwicklung von fundamentaler Bedeutung ist: Hier lernt er das Mädchen Hermine kennen, die den weiblichen Teil seines Selbst und die Jungsche *Anima* verkörpert. Um sie und um Maria soll es im folgenden Kapitel gehen.

4.3.2 Hermine und Maria: die Bedeutung des Mütterlichen, des Seelenbildes der Anima und der Sexualität im „Steppenwolf"

Harry Haller begegnet Hermine, noch innerlich mit sich und seiner Todessehnsucht ringend, in einem Wirtshaus. Bereits ihr Name hat Symbolcharakter: Als weibliche Form des Vornamens Hermann verweist er auf den Autor Hermann Hesse und verleiht der Hermine-Figur autobiographische und hermaphroditische

[285] Baumann, Hermann Hesses Erzählungen, S. 206f.
[286] Vgl. Freud, Psychologie des Unbewußten, S. 248–250.
[287] Jung, Die Archetypen und das kollektive Unbewußte, S. 178.

Züge. Hermine symbolisiert auch den weiblichen Teil von Hallers Selbst und muss als solcher in dieses integriert werden. Damit verkörpert Hermine das Individuationsziel der psychischen Ganzheit. Doch dazu an späterer Stelle mehr.

Hermine hat zunächst ein mütterliches Verhältnis zu Harry Haller und spürt bei dem Fremden instinktiv dessen innere Zwiespältigkeit und Unentschlossenheit. Sie kümmert sich um ihn, zwingt ihn dazu, zu essen und zu trinken und seine Brille zu säubern (vgl. SW, 86f.). Dabei gibt die junge Frau erzieherisch-aufmunternde Sätze wie „du bist brav" (SW, 87) von sich. Hermine weist hier *mutterarchetypische* Züge auf und tadelt Harry, als dieser ihr gesteht, nicht tanzen zu können (vgl. SW, 88), da sie ihm klarmachen möchte, dass das Leben nicht bloß aus Geist und Bildung besteht, sondern auch Leichtigkeit und Freude beinhaltet. Hermine weist „die magische Autorität des Weiblichen"[288] auf, was ein Kennzeichen des Jungschen *Mutterarchetypus* ist. Haller fällt in seine Kindheit zurück, orientiert sich also am Vergangenheitszustand[289], und lässt sich von seiner geistig-psychologischen ‚Mutter' Hermine leiten. Indem Haller wieder Kind ist, hat er auch die Möglichkeit, mit seinem Leben von vorne anzufangen und sich der „Wiedergeburt im Zeichen der Ganzheit"[290] zu nähern. Harry selbst sagt, dass Hermine „wie eine Mama" (SW, 91) zu ihm sei. Sie ist diejenige, die ihn aus seiner inneren Zurückgezogenheit herausholt und seiner Umwelt näher bringt. Hermine führt Haller zu sich selbst, indem sie ihn nach außen führt, ihm das Tanzen beibringt, ihn lehrt, sich zu freuen und ihm die Leichtigkeit des Seins überhaupt nahe bringt. Damit kann Hermine „als eine ‚mephistophelische Gestalt' verstanden werden, die Harry die sinnlichen Seiten des Lebens aufschließt."[291] Haller erkennt, dass „zwischen mir und der Umwelt ein Schleier zerrissen, eine Schranke gefallen" (SW, 101) ist.

Beim zweiten Treffen mit Hermine, bei sich zu Hause, um das Tanzen zu lernen, erfährt Harry, dass Hermine „von den Männern" (SW, 105) lebt, was sie natürlich allen bürgerlichen Vorstellungen und Werten enthebt. Bei diesem Treffen fällt Haller, nachdem ihn Hermine darauf aufmerksam gemacht hat, auch die Knabenhaftigkeit ihres Gesichts auf, die, wie auch im „Demian", als Symbol der Vereinigung von Gegensätzen gelten kann. Damit ist Hermine eine Ganzheitsverkörperung; sie ist Frau und Mann zugleich: „Ja, indem ich jetzt ihr Gesicht genau betrachtete, mußte ich ihr recht geben, es war ein Knabengesicht." (Ebd.) Harry Hallers Erkenntnis reicht jedoch noch weiter und er erkennt in Hermines Gesicht seinen Jugendfreund Hermann – hier ein erneuter Hinweis auf den Autor, was die Figur Harry Haller in einen direkten Zusammenhang mit Hermann Hesse bringt – wieder:

> Und als ich mir eine Minute Zeit ließ, begann das Gesicht zu mir zu sprechen und erinnerte mich an meine eigene Knabenzeit und an meinen damaligen Freund, der

[288] Jung, Die Archetypen und das kollektive Unbewußte, S. 97.
[289] Vgl. ebd., S. 176.
[290] Baumann, Hermann Hesses Erzählungen, S. 209.
[291] Kreuzwieser, „Sie werden darum eingeladen […]", S. 230.

> hatte Hermann geheißen. Einen Augenblick schien sie ganz in diesen Hermann verwandelt. (Ebd.)

Auch hier, in diesem Zitat, taucht das Motiv der Kindheit und des Kindseins wieder auf, was gleichzeitig auf die Vergangenheit Harrys (Knabenzeit) und die Zukunft (Wiedergeburt, Neuanfang) hindeutet. Es zeigt sich bei dieser Textstelle auch Hermines Wandlungsfähigkeit, da sie in der Lage ist, ihre Erscheinung je nach Stimmung zu verändern. Es erscheint jedoch plausibel, dass sich diese Transformationen von Hermines Erscheinungsbild lediglich in Hallers Unbewusstem vollziehen, der damit seine Stimmungswechsel auf Hermine, die selbst weniger als real existente Frau, denn als psychologisches Symbol zu verstehen ist, überträgt. Indem Hermines Gesicht hermaphroditische Züge aufweist, steht sie für die Vereinigung des weiblichen und des männlichen Prinzips, was durch ihre bisexuelle Orientierung (vgl. SW, 140) nur noch intensiviert wird.[292] Die Sexualität und das erotische Begehren beider Geschlechter fungieren hier im „Steppenwolf" ebenfalls als Vereinigungssymbol: So wie bei Hermine und Maria Mann *und* Frau begehrt werden, so muss Harry lernen, sowohl die männliche als *auch* die weibliche Seite seiner Psyche akzeptieren und lieben zu lernen. Nur auf diese Weise wird er der psychischen Ganzheitlichkeit, dem Ziel seiner Individuation, näher kommen können.

Interessant sind die Gemeinsamkeiten von Hermine und Harry, die zu Anfang leicht übersehen werden können: Hermine ist, wie Haller auch, vom Leben enttäuscht und hatte sich einst eine andere Zukunft gewünscht:

> Ich war ein Mädchen von guten Gaben und dafür bestimmt, nach einem hohen Vorbild zu leben, hohe Forderungen an mich zu stellen, würdige Aufgaben zu erfüllen. Ich konnte ein großes Los auf mich nehmen, die Frau eines Königs sein, die Geliebte eines Revolutionärs, die Schwester eines Genies, die Mutter eines Märtyrers. Und das Leben hat mir nur eben erlaubt, eine Kurtisane von leidlich gutem Geschmack zu werden – schon das ist mir schwer genug gemacht worden! (SW, 143)

Hermine ist genau wie Harry der Diskrepanz von Ideal und Wirklichkeit erlegen und versucht nun mit Leichtigkeit und Frohsinn eine Balance zwischen diesen beiden Extremen zu finden, was ihr jedoch kaum gelingt. Hermine ist als Figur sehr viel komplexer angelegt, als es den Anschein hat: Sie kennt auch düstere Stimmungen und kommt nicht zuletzt deswegen so gut mit Haller aus. Harrys und Hermines Beziehung zueinander hat einen durchaus komplementären Charakter: Harry findet bei Hermine jene Leichtigkeit und Lust am Leben, die ihm bis dato fehlte, während sie bei ihm Geist und Bildung bekommt. Einmal sagt Hermine zu Haller: „Ich brauche dich, wie du mich brauchst." (SW, 108) Haller

---

[292] Vgl. dazu Baumann, Hermann Hesses Erzählungen, S. 210. Günter Baumann sieht in der Figur der Hermine und deren Bisexualität „das Ideal jenes hermaphroditischen Menschentypus" (ebd.) verwirklicht und weist auf die Funktion der Transsexualität als „Symbol für jene ursprüngliche, mannweibliche Ganzheit des Selbst" (ebd.) hin.

und Hermine stellen beide Teile eines Ganzen dar, die zueinander finden und sich vereinigen müssen, um diese Einheit herzustellen. Dies wird symbolisch durch die spätere Verliebtheit Harrys in Hermine dargestellt. Indem er sich in sie verliebt, ist er auch bereit, sie als sein weibliches Ich in seine Gesamtpsyche zu integrieren und so zu innerer Ganzheit zu gelangen. Hermine und Harry haben im Sinne C. G. Jungs auch eine *Anima-Animus*-Beziehung: Sie ist die weibliche Darstellung seiner Seele, während er die männliche Verkörperung ihrer Seele ist.[293] Diese beiden Seelenteile müssen zusammenkommen und zu einer Einheit werden, dann ist das Ziel der Individuation erreicht. Indem Haller Hermine am Ende des Romans (in seiner Phantasie) aus Eifersucht ersticht (vgl. SW, 196), verspielt er seine Chance auf das Erlangen der seelischen Ganzheit, da er den weiblichen Teil seines Selbst vernichtet, oder besser: verdrängt, und so erneut bei der inneren Einseitigkeit landet, die ihm so zu schaffen macht. Was zwischen Hermine und Harry fehlt, ist die körperliche, sexuelle Vereinigung, die ebenfalls für die Vereinigung des weiblichen mit dem männlichen Prinzip steht. Dieses Fehlen des körperlichen Liebesaktes versinnbildlicht die nicht erreichte psychische Ganzheitlichkeit sowohl Harrys als auch Hermines. Beide bleiben innerlich einseitig und unvollständig. Doch der Aspekt der Erotik wird im „Steppenwolf" keineswegs übergangen, im Gegenteil, er spielt in Gestalt der Maria-Figur eine wichtige Rolle.

Harry lernt Maria über Hermine kennen, die ihn mit dieser jungen Frau bekannt macht. Maria steht, wie Kamala im „Siddhartha", für die Sexualität, welche der vergeistigte Harry Haller ausleben und innerlich annehmen muss.

> Je länger Haller mit Hermine zusammen ist, desto deutlicher wird, daß sein unrealisierter Eros einer inneren Weiterentwicklung im Wege steht. Seine nichtausgelebte Geschlechtlichkeit, die Hermine aus psychologischen Gründen nicht zu befriedigen vermag, verhindert jene Integration von Eros und Logos, die eines der Kriterien für einen abgeschlossenen Individuationsprozeß bildet.[294]

Harry Haller lernt dank Maria, „gewöhnlich und menschlich zu lieben" (SW, 123) und sich nicht mehr auf eine idealisierte, vergeistigte und intellektlastige Form der Liebe zu beschränken. So wie bei Siddhartha ist auch bei Haller die geistige Einseitigkeit vorhanden, die nun, um der psychischen Ganzheitlichkeit näher zu kommen, um den Aspekt der körperlich-sexuellen Liebe erweitert und ergänzt werden muss. Auch bei der Liebe zu Maria taucht das Kindmotiv auf, das mit Unschuld und Neubeginn in Zusammenhang gebracht wird:

> Durch sie hatte ich gelernt, noch einmal vor dem Ende mich kindlich dem Spiel der Oberfläche anzuvertrauen, flüchtigste Freuden zu suchen, Kind und Tier zu sein in der Unschuld des Geschlechts – ein Zustand, den ich in meinem früheren Leben nur als Ausnahme gekannt hatte, denn Sinnenleben und Geschlecht hatten

[293] Vgl. Jung, Psychologische Typen, S. 510.
[294] Baumann, Hermann Hesses Erzählungen, S. 213.

> für mich fast immer den bitteren Beigeschmack der verbotenen Frucht, vor der ein geistiger Mensch auf der Hut sein muß. (SW, 149f.)

Maria verkörpert Hallers unbewusste erotische Begierden, die er sich nun bewusst machen und die er ausleben muss, um zu seinem vollständigen Selbst zu finden. Indem Maria als eine sehr dem Leben zugewandte junge Frau geschildert wird, die sich über viele, für Harry oberflächliche Dinge wie ein Kind freuen kann, symbolisiert sie auch eine starke Lebenskraft, die durch ihren unmittelbaren Bezug zur Sexualität ohne weiteres mit Freuds *Sexual-* oder *Lebenstrieben*[295] in Verbindung gebracht werden kann. Maria stellt „den alles erhaltenden Eros"[296] dar, der Harry Haller von seinem ursprünglichen Selbstmordplan abbringt.

Maria ist, wie Hermine, bisexuell veranlagt, was auch ihr einen hermaphroditischen Charakter verleiht und sie ebenfalls zu einem Ganzheitssymbol werden lässt. Hermine und Maria verkörpern beide die psychische Ganzheit, nur auf unterschiedlichen Ebenen: Hermine auf der geistig-psychologischen und Maria auf der körperlich-sexuellen. Indem Harry mit Maria intim wird, wird symbolisch auf die Vereinigung der Gegensätze zu einer Ganzheit – hier auf den Mann-Frau-Gegensatz – hingewiesen. Harry Haller muss beide Frauen als weibliche Teile seines Selbst verstehen lernen und sie als solche in seine Psyche integrieren, um so zu innerer Vollkommenheit zu finden. Doch im Magischen Theater zeigt sich, dass das nicht so einfach ist.

4.3.3 Pablo: Sinnesmensch und Inhaber des Magischen Theaters

Harry Haller lernt den Saxophonspieler Pablo im Hotel Balances, in das er mit Hermine zwecks Verbesserung seiner Tanzkünste geht, kennen. Haller ist zu Anfang alles andere als begeistert von dem jungen Mann „spanischer oder südamerikanischer Herkunft" (SW, 117) und attestiert ihm Oberflächlichkeit und „leere[] Augen" (SW, 120):

> Nett war er [sc. Pablo], nett und artig, hübsch lächelte er aus seinen großen leeren Augen; aber zwischen ihm und mir schien es nichts Gemeinsames zu geben – nichts von dem, was ihm etwa wichtig und heilig war, könnte es auch für mich sein, wir kamen aus entgegengesetzten Erdteilen, hatten kein Wort unsrer Sprachen gemeinsam. (Ebd.)

Pablo ist wie Hermine und Maria ein Vertreter der Sinnes- und Lustwelt und somit ein Symbol für den unterdrückten instinktiv-sinnlichen Teil von Hallers Selbst. Anders als Harry ist Pablo alles andere als innerlich zerrissen und eine „vollkommen unproblematische und harmonische Persönlichkeit"[297]. Er ist mit

[295] Vgl. Freud, Psychologie des Unbewußten, S. 261.
[296] Ebd.
[297] Baumann, Hermann Hesses Erzählungen, S. 216.

seiner Jazzmusik völlig zufrieden und innerlich im Reinen und braucht bei der Musik nicht, wie Haller, die intellektuellen Höhen eines Johann Sebastian Bach, Wolfgang Amadeus Mozart oder Richard Wagner. Das unterschiedliche Musikverständnis der beiden ungleichen Männer zeigt sich am klarsten bei einem Gespräch, das sie miteinander über die Musik führen (vgl. SW, 127f.). Auf Hallers Frage hin, worauf es bei der Musik ankomme, erläutert Pablo den Sinn, den die Musik für ihn hat:

> Wenn ich sämtliche Werke von Bach und Haydn im Kopf habe und die gescheitesten Sachen darüber sagen kann, so ist damit noch keinem Menschen gedient. Wenn ich aber mein Blasrohr nehme und einen zügigen Shimmy spiele, so mag der Shimmy gut sein oder schlecht, er wird doch den Leuten Freude machen, er fährt ihnen in die Beine und ins Blut. Darauf allein kommt es an. (SW, 127)

Hier wird erkennbar, wie sehr Pablo ein geistiger Bruder Vasudevas aus dem „Siddhartha“ ist: Ihm kommt es nicht auf eine intellektuell-wissenschaftliche Herangehensweise an die Musik an, sondern auf deren Wert für das Unbewusste. Die Musik muss die unbewussten seelischen Kräfte ansprechen, motivieren und miteinander in ein Gleichgewicht bringen können. Wie im „Siddhartha“ wird auch hier im „Steppenwolf“ die Gelehrsamkeit als ein Hindernis für dieses seelische Gleichgewicht angesehen. Im Zusammenhang mit der Musik unterscheidet sich Pablo negativ von den Gelehrten: „Aber sehen Sie, ich bin Musikant, nicht Gelehrter, und ich glaube nicht, daß in der Musik das Rechthaben den geringsten Wert hat.“ (Ebd.) Harry Haller wehrt Pablos Ausführungen ab, da er sein Unbewusstes noch nicht für solche neuen Erkenntnisse zu öffnen bereit ist. Indem er Pablo zunächst heftig ablehnt, ihn, den Sinnesmenschen, lehnt er im Grunde auch einen Teil seines Selbst ab. Wenn Harry etwas an einer stabilen Psyche liegt, muss er lernen, eine unbewusste und instinktiv-sinnliche Herangehensweise an das Leben zu entfalten. Und dafür steht Pablo.

Der Saxophonbläser Pablo vollzieht aber auch aktive ‚Bewusstseinserweiterungen’ mittels Rauschgiften, die er Haller und den beiden jungen Frauen Hermine und Maria besorgt und zusammen mit ihnen konsumiert (vgl. SW, 138). Pablo ist diejenige Figur in Hesses „Steppenwolf“, die aktiv versucht, die Menschen vom Intellekt und von der Realität wegzubringen, sei es durch seine ekstatische Saxophonmusik oder durch die Rauschmittel. Haller beginnt, sich allmählich mit dem Musiker Pablo anzufreunden und fängt langsam an, seine inneren Blockaden ihm gegenüber, und damit auch gegenüber der sinnlichen Seite seines Selbst, abzubauen:

> Mein Urteil über diesen frohen, klugen, kindlichen und dabei unergründlichen Menschen änderte sich beständig, wir wurden Freunde, nicht selten nahm ich etwas von seinen Mitteln an. (Ebd.)

Indem es Pablo schafft, Haller für seine Lebensart und Fröhlichkeit zu begeistern, gelingt es ihm auch, ihn der inneren Vollkommenheit näher zu bringen.

Haller ist nun gewillt, auch Tanzmusik, Lachen, Feiern und Leichtigkeit in sein Leben hineinzulassen und diese andere Seite von sich zu akzeptieren. Pablos Augen sind bald für Harry nicht mehr leer, sondern voller Lachen, was sie zu „Menschenaugen" (SW, 163) im Vergleich zu „Tieraugen" (ebd.), die immer ernst blicken, macht.

Der Musiker Pablo entpuppt sich aber im weiteren Verlauf des Romans auch als Inhaber des Magischen Theaters, jenes „Bildersaal[s]" (SW, 165) der Seele. Als Harry das erfährt, hat sich Pablo, wie zuvor schon Hermine, verwandelt: Er ist nicht mehr der geistig einfache und instinktive Sinnesmensch, sondern ein tiefgründiger und psychologisch gebildeter Theaterdirektor geworden, ein Führer zum ganzheitlichen Selbst. Pablo spricht nun auch anders:

> Er, den ich nie zusammenhängend hatte reden hören, den kein Disput, keine Formulierung interessierte, dem ich kaum ein Denken zugetraut hatte, er sprach nun, er redete mit seiner guten, warmen Stimme fließend und fehlerlos. (SW, 164)

Pablos und Harrys Charaktere scheinen hier miteinander verschmolzen zu sein, da Pablo offenbar Züge des gebildeten Harry Haller annimmt, oder besser: Harry seine Vorstellungen und Eigenheiten auf Pablo überträgt. Indem Pablo und Harry eins werden, wird ein Vorgeschmack auf das Individuationsziel einer ganzheitlichen Psyche, die sowohl die sinnliche Pablo-Seite als auch die vergeistige Harry-Seite beinhaltet und zu einer Einheit formt, gegeben. Von großer Bedeutung ist auch die Tatsache, dass Pablo der Inhaber des Magischen Theaters, das für die seelische Zersplitterung und das Jungsche *kollektive Unbewusste* steht, ist. Dadurch, dass Pablo somit ‚Besitzer' des *kollektiven Unbewussten* und der Vielgestaltigkeit der menschlichen Seele ist, wird seine Funktion als Ganzheitssymbol und als Führer zum Selbst unterstrichen. Pablo verkörpert als Inhaber des Magischen Theaters und der dadurch symbolisierten seelischen Vielfalt und Zersplitterung sowohl den *Archetypus der Ganzheit*[298], als auch das *Selbst*, welches wiederum, „die Ganzheit der Psyche"[299] beinhaltet.

Pablo ist, abschließend betrachtet, in jeder Hinsicht als ein Ganzheits- und *Selbst*symbol anzusehen: Er steht zum einen für die sinnliche und unbewusste Seite des Lebens, die Harry Haller so sehr fehlt und die er für seine innere Vervollkommnung annehmen und ausleben muss. Zum anderen ist er auch ein tiefgründiger und psychologisch sehr erfahrener Mensch, der Haller als Inhaber des Magischen Theaters in ganz anderer Gestalt und mit völlig anderem Auftreten wieder begegnet; er kann sich verbal hervorragend ausdrücken und macht keineswegs mehr den Eindruck eines reinen Instinktmenschen. Indem das Magische Theater das Jungsche *kollektive Unbewusste* und die psychische Vielfältigkeit symbolisiert und Pablo der Inhaber dieser ‚Seelenwelt' ist, verkörpert er die vielgestaltige Gesamtpsyche sowie das *Selbst*, welches wiederum die seelische Ganzheit beinhaltet.

---

[298] Vgl. Jung, Die Archetypen und das kollektive Unbewußte, S. 412.
[299] Ebd., S. 413.

4.3.4 Goethe, Mozart und ein Gelächter

Die Figuren Goethe und Mozart stehen für die innere Ganzheit und das Jungsche *Selbst*. Doch darüber hinaus sind sie diejenigen Figuren des „Steppenwolfs", welche den im „Tractat vom Steppenwolf" erläuterten Weg zur inneren Ganzheitlichkeit über den Humor praktisch umsetzen. Der Dichterfürst und das Musikgenie leben das, was im Traktat theoretisch erörtert wurde, praktisch aus. Indem Hesse die Figur des Harry Haller mit diesen beiden „Unsterblichen" (SW, 148) in einen „imaginären Dialog"[300] treten lässt, holt er Goethe und Mozart aus ihrer genialisch-abstrakten Unerreichbarkeit in einen plastischen Kontext und verleiht ihnen Lebendigkeit. Die Goethe-Figur taucht an mehreren Stellen des Romans auf, die eine besondere Bedeutung für Harry Hallers Individuationsprozess haben und Mozart spielt besonders in dem Abschnitt des Romans über das Magische Theater eine große Rolle. Doch zuvor soll noch einmal kurz auf den Traktat und seine Ausführungen zum Thema des Humors eingegangen werden.

Im „Tractat vom Steppenwolf" wird der Humor als eine Möglichkeit angesehen, welche dem innerlich Zerrissenen auf sozial verträgliche Art und Weise erlaubt, beide, oder genauer all die vielen Facetten seiner Psyche auszuleben:

> In seiner [sc. des Humors] imaginären Sphäre wird das verzwickte, vielspältige Ideal aller Steppenwölfe verwirklicht: hier ist es möglich, nicht nur gleichzeitig den Heiligen und den Wüstling zu bejahen, die Pole zueinander zu biegen, sondern auch noch den Bürger in die Bejahung einzubeziehen. (SW, 57)

Der Humor ist aber nicht nur in der Lage, zwei Pole miteinander in Einklang zu bringen und den Bürger dabei einzubeziehen, sondern er ist auch dazu fähig, ein Ganzes aus der Vielfältigkeit der Seele zu erzeugen:

> Einzig der Humor, die herrliche Erfindung der in ihrer Berufung zum Größten Gehemmten, der beinahe Tragischen, der höchstbegabten Unglücklichen, einzig der Humor (vielleicht die eigenste und genialste Leistung des Menschentums) vollbringt dies Unmögliche, überzieht und vereinigt alle Bezirke des Menschenwesens mit den Strahlungen seiner Prismen. (Ebd.)

Diese These von der vereinigenden Wirkung des Humors wird nun im weiteren Handlungsverlauf immer wieder aufgegriffen und praktisch angewendet. An diesem Punkt kommt nun zunächst Goethe ins Spiel: Er taucht – neben der Szene bei dem jungen Professor, wo eine Goethe-Radierung zum Stein des Anstoßes wird – erstmals als eigenständige Romanfigur in Hallers Goethe-Traum auf. Er träumt von Goethe, als er Hermine das erste Mal im Wirtshaus trifft (vgl. SW, 93). Dieser Traum Harrys weist einen besonders starken Symbolgehalt auf, der bereits damit beginnt, dass das Symbol des Skorpions auftaucht, welcher Haller im Traum beunruhigt. Der Skorpion wird als „gefährlich" (SW, 93) und beängstigend beschrieben. Er ist als ein Hinweis auf Hallers verdrängte Sinn-

---

[300] Niefanger, Hermann Hesses Steppenwolf, S. 99.

lichkeit und Sexualität zu werten, was insbesondere dann klar wird, als der Skorpion in direkter Verbindung mit einem Frauenbein auftaucht:

> Ich streckte die Hand aus und wollte das kleine Bein an mich nehmen, das mich ganz verliebt machte, aber sowie ich mit zwei Fingern zugreifen wollte, schien das Spielzeug sich mit einem winzigen Zuck zu bewegen, und es kam mir plötzlich der Verdacht, dies könne der Skorpion sein. (SW, 97)

Indem der Skorpion in Verbindung mit einem Frauenbein auftaucht und bei Harry abwechselnd Verlangen wie Abscheu auslöst (vgl. ebd.), kann er als ein Symbol für die sexuell motivierte Freudsche *Libido* angesehen werden. Freud sieht in der *Libido* eine quantitativ veränderliche Kraft, die Vorgänge der Sexualerregung messen könne.[301] Auch der Skorpion in Hallers Goethe-Traum ist ein Indikator für dessen vorhandene sexuelle Bedürfnisse und Erregungen, die sich nun, nachdem Harry Hermine kennen gelernt hat, in seinem Unbewussten einen Raum geschaffen haben und im Traum verschlüsselt dargestellt und ausgelebt werden. Der Skorpion wird von Haller auch als „Wappentier der Weiblichkeit" (SW, 94) bezeichnet, was ganz deutliche Bezüge zu Hesses „Demian" und dem dort dargestellten Vogelmotiv, das ebenfalls als *Libido*-Symbol zu verstehen ist, aufweist. Indem nun der Skorpion als „Wappentier" mit der „Weiblichkeit" zusammengebracht wird, verstärkt sich seine Funktion als Hinweis auf Hallers unterdrücktes Verlangen nach dem Ausleben seines Sexualtriebs.

Den Kern des Traums stellt jedoch das Auftreten Johann Wolfgang Goethes dar, der zu Beginn regelrecht bürgerliche Züge trägt, die sich im Tragen eines Ordenssterns, der Steifheit und dem ganzen Auftreten in Amt und Würden des Ministers manifestieren (vgl. ebd.). Harry Haller überträgt hier unbewusst die Attribute des jungen Professors und dessen spießbürgerlicher Umgebung auf sein bewundertes Vorbild Johann Wolfgang Goethe, den Dichterfürsten. Haller projiziert auch seinen Hass auf die bürgerliche Bigotterie und Verlogenheit auf Goethe, dem er vorwirft, dass er zwar alle Leiden, Nöte und Sehnsüchte des Menschen in seinen Werken beschrieben habe, selbst aber mit seinem „ganzen Leben das Gegenteil gepredigt" (SW, 95) habe. Darüber hinaus wirft Haller Goethe vor, in seinem zweiundachtzigjährigen Leben stets den Anspruch an Dauer, Ordnung und Würde gestellt zu haben und sich „wichtig gemacht" (ebd.) zu haben. Goethe antwortet auf diese harten Vorwürfe Hallers mit einem Plädoyer für den Lebenswillen, der allen großen Menschen eigen sei: „Ich glaube, der Kampf gegen den Tod, das unbedingte und eigensinnige Lebenwollen ist der Antrieb, aus welchem alle hervorragenden Menschen gelebt und gehandelt haben." (SW, 96) Goethe stellt hier den *Lebenstrieb* über den *Todestrieb*, während Harry Haller diesbezüglich alles andere als entschlossen ist: Zum Zeitpunkt seines Traums und des Treffens mit Hermine befindet er sich im inneren Zwiespalt und kann sich noch nicht entscheiden, ob er leben oder sterben will (vgl. SW,

[301] Vgl. Freud, Sexualleben, S. 121. Sigmund Freud schränkte den Begriff der *Libido*, anders als Carl Gustav Jung, auf den Bereich der sexuellen Triebregungen ein (vgl. ebd., S. 122).

84f.). Mit dem unbedingten Bejahen de Lebens geht auch das aktive Anwenden des humoristischen Prinzips, das bereits im Traktat auf der theoretischen Ebene vorweggenommen wurde, einher: Goethe beginnt nach seinen Ausführungen über den Lebenswillen „ganz durchtrieben, geradezu schlingelhaft“ (SW, 96) zu lächeln. Interessant ist in diesem Zusammenhang, dass der ältere Goethe, welche Haller im Traum bei sich empfängt, nun anfängt jünger zu werden:

> Seine Gestalt war größer geworden, die steife Haltung und die krampfhafte Würde im Gesicht war verschwunden. [...] Und Goethes Gesicht war jetzt rosig und jung und lachte und glich bald dem Mozart, bald dem Schubert wie ein Bruder, und der Stern auf seiner Brust bestand aus lauter Wiesenblumen, eine gelbe Primel blühte froh und feist aus seiner Mitte hervor. (Ebd.)

Indem Goethe beim Lachen jünger wird, erhält der Humor wiedergebärende Eigenschaften: Wer lacht und eine innere Distanz zum Leben gewinnt, wird wieder jung und zum Kind, das mit der Ernsthaftigkeit des Lebens noch nicht vertraut ist. Der Humor steht also dem Altwerden und dem Tod entgegen. Goethe selbst bringt Humor und Unsterblichkeit zusammen und erklärt sein Verständnis von Ewigkeit und Zeit:

> Wir Unsterblichen lieben das Ernstnehmen nicht, wir lieben den Spaß. Der Ernst, mein Junge, ist eine Angelegenheit der Zeit; er entsteht, soviel will ich dir verraten, aus einer Überschätzung der Zeit. [...] In der Ewigkeit aber, siehst du, gibt es keine Zeit; die Ewigkeit ist bloß ein Augenblick, gerade lang genug für einen Spaß. (SW, 96f.)

Auch hier hebt die Goethe-Figur noch einmal die Bedeutung des Humors und des Spaßes hervor und bringt sie mit der Ewigkeit in Verbindung. Die Ernsthaftigkeit dagegen wird mit zeitlicher Begrenztheit zusammengebracht. Zum Ende des Traums hin altert Goethe wieder, lacht aber noch immer und hat einen „abgründigen Greisenhumor“ (SW, 97). Goethe wendet damit die theoretischen Erläuterungen des „Tractats“ praktisch an und macht den Humor zum Garanten für ein ewiges und zeitloses Dasein. Er wird so zu einem ‚Botschafter des Humors’ und stellt Harry Haller vor die Aufgabe, es ihm nachzutun und ebenfalls die große Bedeutung des Humors zu erkennen. Goethe räumt auch das Hallersche Missverständnis aus, dass unsterbliche große Geister humorlos und überaus ernsthaft seien und beweist im Gegenteil, dass „gerade *Humor* [Hervorh. i. Orig.] das eigentliche Kennzeichen und Kriterium der Unsterblichen ist“[302]. Harry muss auf seinem Individuationsprozess lernen, einen innere Distanz zu sich selbst zu entwickeln, sich „nicht ernst“ (SW, 96) zu nehmen und damit unabhängig von der Zeit zu werden. Um zu einem ganzheitlichen Selbst zu gelangen, muss Haller lernen, die Welt in allen Erscheinungsformen anzunehmen und in seine Psyche zu integrieren. Dabei ist eine innere Distanz von großer Wichtigkeit, denn nur sie verhindert, dass sich das Individuum auf eine Lebensform oder

[302] Baumann, Hermann Hesses Erzählungen, S. 222.

einen Teil seines Selbst – bei Haller sind das der Steppenwolf und der zivilisierte und feingeistige Mensch – beschränkt. Und diese innere Distanz lässt sich nur mit der humoristischen Betrachtung der Welt sinnvoll erreichen. In diesem Sinne agiert auch die Mozart-Figur, die im Magischen Theater für Haller von besonderer Bedeutung ist.

Mozart taucht als lebendige Figur erstmals an der Stelle des Romans auf, wo sich Harry Haller im Magischen Theater aufhält und die (imaginäre) Tötung Hermines unmittelbar bevorsteht. Die Mozart-Figur wird bereits durch ein „helles und eiskaltes Gelächter" (SW, 191) eingeführt, was sie gleich in einen humoristischen Zusammenhang bringt. Als sich Haller mit Mozart über die Erbsünde unterhält und ihm dabei seine eigenen Verfehlungen und Schuldgefühle gegenwärtig werden, wird ihm „recht elend" (SW, 193). Dies instinktiv spürend, beginnt Mozart „laut zu lachen, als er mein langes Gesicht sah" (SW, 194), woraufhin Haller wütend wird und versucht, Mozart am Zopf zu packen, doch dieser ist nicht greifbar und sein Zopf wird zu einem „Kometenschweif" (ebd.), der nun Haller durch die Welt wirbelt. Hier zeigt sich, dass Harry noch nicht am Ziel seines Individuationsprozesses ist, da er noch nicht begriffen hat, dass der „unsterbliche" Mozart nur dank seines Lachens und seines Humors unsterblich ist. Er hat keine feste physische Gestalt, sondern ist von Zeit, Raum und Materie entbunden und so auch wandlungsfähig. Haller dagegen hat gezeigt, dass er das Prinzip des Humors noch nicht in sein Selbst integriert hat und noch nicht zu einer inneren Distanz gelangt ist, die ihn über Mozarts Äußerungen zur Erbsünde hätte lachen lassen. Doch zum Ende dieser ersten Begegnung mit Mozart beginnt sich in Harry ein erster Anflug von Heiterkeit auszubreiten: „Es durchdrang mich eine bitterscharfe, stahlblanke, eisige Heiterkeit, eine Lust, ebenso hell, wild und außerirdisch zu lachen wie Mozart es getan hatte." (Ebd.) Harry Haller scheint nun bereit für seine Begegnung mit Hermine, die jedoch in der Tötung des weiblichen Teils seines Selbst, der *Anima*, endet, da Haller nicht in der Lage ist – aufgrund mangelnder innerer Distanz –, die Szene des Beischlafs mit Pablo humoristisch zu nehmen, Hermine als ein Symbol der Anima anzusehen und sie als solches in seine Psyche zu integrieren. Nach der Vernichtung seiner Anima trifft Haller erneut auf Mozart, der nun „modern gekleidet" (SW, 197) ist, was erneut seine Zeitlosigkeit unterstreicht: Mozart ist in *jeder* Epoche und *jedem* Zeitalter zuhause, nicht bloß in den Jahrzehnten des 18. Jahrhunderts, in denen er gelebt hat. Mozart erhält so die Eigenschaften eines Symbols für das zeitlose und ganzheitliche *Selbst*, das Motive und Bilder aus allen Zeitaltern dieser Welt beinhaltet. Mozart versucht Harry zu erklären, dass das Leben so zu nehmen ist, wie es ist und dass man nur das ernst nehmen soll, was dessen auch wert ist:

> Das ganze Leben ist so, mein Kleiner, und wir müssen es so sein lassen, und wenn wir keine Esel sind, lachen wir dazu. Leuten von Ihrer Art steht es durchaus nicht zu, am Radio oder am Leben Kritik zu üben. Lernen Sie lieber erst zuhören! Lernen Sie ernst nehmen, was des Ernstnehmens wert ist, und lachen über das andre! (SW, 199)

Das Leben ist nach Mozart nur dann ganzheitlich und ohne psychische Probleme lebbar, wenn man sich eine humoristische Weltsicht aneignet und sich selbst nicht so wichtig nimmt. Mozart verabschiedet sich mit einem spöttischen Lachen von Harry, während er ihn zu einem Galgen führt, damit er den „Galgenhumor" (SW, 200) lernen möge. Haller hat nun seine Chance zu einem ganzheitlichen Selbst zu gelangen verspielt und muss sich damit zufrieden geben, es beim nächsten Mal besser zu machen (vgl. SW, 203).

Es bleibt abschließend festzuhalten, dass sowohl Goethe als auch Mozart das im Traktat vorweggenommene humoristische Lebensprinzip als Heilmittel gegen die innere Zersplitterung aktiv leben und versuchen, auch Harry Haller dazu zu bringen, sich eine heitere und leichte Lebensauffassung anzueignen, was jedoch misslingt. Haller fehlt die innere Distanz sich selbst und seinen Gefühlen – siehe die Eifersuchtsgefühle, die ihn zum Mord an Hermine bzw. am weiblichen Teil seines Selbst treiben – gegenüber, die für die richtige Anwendung des Humor-Prinzips im praktischen Leben unerlässlich ist.

4.3.5 Das Magische Theater als Spiegel der Seele

Das Magische Theater ist ein Symbol für die seelische Vielfalt und das Jungsche *kollektive Unbewusste*. Harry Haller kann im Magischen Theater „seine Vergangenheit im Rückblick überschau[en] und unschuldige Träume wieder aufleben"[303] lassen. Das Magische Theater lässt Hallers unbewusste Wünsche, Ängste, Sehnsüchte und seine Erinnerung lebendig und plastisch werden.

Auch im Magischen Theater spielt der Humor eine wichtige, wenn nicht sogar die zentrale Rolle, da das Theater Harry den Humor näher bringen soll:

> Sie sind hier in einer Schule des Humors, Sie sollen lachen lernen. Nun, aller höhere Humor fängt damit an, daß man die eigene Person nicht mehr ernst nimmt. (SW, 167)

Der Humor soll vom eigenen Ich wegführen und dafür zu einem kollektiven Selbst führen, das aus vielen Einzelteilen besteht. Das Magische Theater greift damit, wie auch Goethe und Mozart, eine bereits im „Tractat vom Steppenwolf" angesprochene Thematik wieder auf, nämlich die der Komplexität der menschlichen Seele. Der Traktat wies bereits darauf hin, dass Harry Hallers These von einer dualen Psyche, die aus dem Steppenwolf und dem zivilisierten Bürger Harry Haller besteht, zu einfach und „eine Vergewaltigung des Wirklichen" (SW, 59) sei. Der Traktat stellt dem die Vielfalt der psychischen Bestandteile entgegen: „Harry besteht nicht aus zwei Wesen, sondern aus hundert, aus tausenden." (SW, 60) Wenn Haller nun eine psychische Ganzheit erreichen will, so muss er bereit sein, alle diese vielen Teile seines Selbst zu akzeptieren und zu einer Ein-

---

303 Wilson, Outsider und Bürger, S. 316.

heit formen. Tut er das Gegenteil und spaltet sich immer weiter auf, so wird er nie zu innerem Frieden und innerer Harmonie finden und schließlich psychisch krank werden, wovon Harry zu Beginn der Romanhandlung nicht mehr weit entfernt ist.

Unter Zuhilfenahme von Rauschmitteln macht Pablo, der Inhaber des Magischen Theaters Harry Haller klar, wie vielfältig und differenziert seine Psyche ist, indem er ihn in einen großen Wandspiegel blicken lässt. Pablo und das Magische Theater verwandeln die Theorie des Traktats von der Komplexität und Vielfalt der Seele nun in ein wirkliches und lebendiges Geschehen: Harry sieht sich auseinander fallen und aufspalten:

> Ich sah, einen winzigen Moment lang, den mir bekannten Harry, nur mit einem ungewöhnlich gutgelaunten, hellen, lachenden Gesicht. Aber kaum, daß ich ihn erkannt hatte, fiel er auseinander, löste sich eine zweite Figur von ihm ab, eine dritte, eine zehnte, eine zwanzigste, und der ganze Riesenspiegel war voll von lauter Harrys oder Harry-Stücken, zahllosen Harrys, deren jeden ich nur einen blitzhaften Moment erblickte und erkannte. (SW, 168)

Nach diesem sichtbar gemachten Zerfall der Persönlichkeit, ist Haller nun fertig für die einzelnen Vorstellungen des Magischen Theaters, von denen jede einzelne sich auf einen der Teile von Harrys Selbst bezieht.

> Hier wird die Fiktion seiner Zwiespältigkeit unterwandert und gesprengt [...] von einer schier unendlichen Gestaltenfülle, die in ihm auf Selbstbegegnung, Selbstbewußtsein und damit Selbstbefreiung wartet [...].[304]

Haller soll nun die einzelnen Teile seiner Psyche kennen lernen und später zu einer Ganzheit zusammenfügen, was jedoch scheitern wird. Als Haller durch eine Tür mit der Aufschrift „Auf zum fröhlichen Jagen! Hochjagd auf Automobile" geht, lernt er die dunkle und böse Seite seiner Psyche kennen: Er ist oder wird an dieser Stelle gewaltbereit und tötet willkürlich vorbeikommende Autofahrer (vgl. SW, 172). Es wird hier ein Kampf zwischen der Welt der Technik und der besitzenden Gesellschaftsklassen einerseits und revolutionären Gegnern andererseits geschildert. Haller begegnet in diesem Raum des Magischen Theaters dem skrupellosen Jugendfreund Gustav, der eine starke Ähnlichkeit mit der Figur des Franz Kromer im „Demian" aufweist. Im Sinne C. G. Jungs sind sowohl Gustav, als auch die ganze Theatervorstellung des anarchischen Chaos als eine Auseinandersetzung mit dem *Schatten* zu verstehen: Indem man bereit ist, den eigenen Schatten zu sehen und ihn zu ertragen, ist das persönliche Unbewusste aufgehoben.[305] Hallers Auseinandersetzung mit dem Schatten mündet in die Erfahrung verdrängter sexueller Begierden, indem er einer jungen Frau namens Dora die Knie küsst (vgl. SW, 178). Doch es kommt nicht zur Erfüllung der erotischen Wünsche, da bereits eine wichtige Lektion zur Handhabung der

[304] Carlsson, Zur Geschichte des Steppenwolfsymbols, S. 380.
[305] Vgl. Jung, Die Archetypen und das kollektive Unbewußte, S. 30.

psychischen Vielfältigkeit auf Harry wartet. Hinter der Tür mit der Aufschrift „Anleitung zum Aufbau der Persönlichkeit. Erfolg garantiert“ verbirgt sich in Gestalt eines Schachspielers die plastische Darstellung von Hallers seelischer Zersplitterung, mit der er umgehen kann, wenn er es einmal gelernt hat. Der Schachspieler erklärt:

> Wir zeigen demjenigen, der das Auseinanderfallen seines Ichs erlebt hat, daß er die Stücke jederzeit in beliebiger Ordnung neu zusammenstellen und daß er damit eine unendliche Mannigfaltigkeit des Lebensspieles erzielen kann. Wie der Dichter aus einer Handvoll Figuren ein Drama schafft, so bauen wir aus den Figuren unsres zerlegten Ichs immerzu neue Gruppen, mit neuen Spielen und Spannungen, mit ewig neuen Situationen. (SW, 181)

Der Schachspieler definiert hier im Grunde in symbolischer Form das Ziel des Individuationsprozesses: das Herstellen „eine[r], gesonderte[n], unteilbare[n] Einheit“[306]. Das Drama symbolisiert hier die psychische Ganzheit, während die Dramenfiguren die einzelnen Teile des Selbst und den Zerfall der Persönlichkeit in ihre Einzelteile darstellen.

Die nächste Station Hallers heißt „Wunder der Steppenwolfdressur“ und greift den inneren Kampf zwischen zivilisiertem Kulturmenschen (Tierbändiger) und Steppenwolf, wieder auf, der unentschieden ausgeht: Zuerst gehorcht der Wolf dem Menschen wie ein abgerichteter Hund und später muss sich der Mensch wie ein dressiertes Tier benehmen und Männchen machen (vgl. SW, 183f.). Als der Wolf anfängt, ein Kaninchen und ein Lamm zu zerfleischen, flieht Harry zur Tür hinaus (vgl. SW, 184). Er ist nicht in der Lage, die Konfrontation mit seinem Steppenwolf-*Schatten* zu ertragen, geschweige denn, den Steppenwolf anzunehmen und in sein Selbst zu integrieren. Hallers nächste Station setzt sich mit seinem unerfüllten und verdrängten Sexualtrieb auseinander, sie heißt „Alle Mädchen sind dein“. Diese ‚Vorführung‘ gibt Harry die Möglichkeit, in seine Vergangenheit zurückzukehren und „die versäumten erotischen Abenteuer seines ganzen Lebens“[307] nachzuholen: „Alle Mädchen, die ich je geliebt, waren nun mein, jede gab mir, was nur sie allein zu geben hatte, jeder gab ich, was nur sie von mir zu nehmen wußte.“ (SW, 189) Haller erhält damit die Möglichkeit, die bisher kaum, außer mit Maria, ausgelebte sexuelle Seite seines Selbst kennen zu lernen und zu erfahren, was für die Überwindung seiner einseitigen geistig-intellektuellen Lebensweise wichtig ist.

Der Höhe- und zugleich Endpunkt des Besuches im Magischen Theater ist die Station namens „Wie man durch Liebe tötet“. Hier wird Haller mit seinen Gefühlen und besonders seiner Eifersucht konfrontiert. Er muss lernen, die bereits erwähnte Distanz zu sich selbst zu entwickeln und „das persönliche Unbewußte“[308] aufzugeben. Das gelingt Harry jedoch nicht, er ersticht Hermine in

---

[306] Jung, Die Archetypen und das kollektive Unbewußte, S. 293.
[307] Baumann, Hermann Hesses Erzählungen, S. 238.
[308] Jung, Die Archetypen und das kollektive Unbewußte, S. 30.

seiner grenzenlosen Eifersucht (vgl. SW, 196). Haller beweist damit, dass ihm die Tragweite eines *kollektiven Unbewussten* und der psychischen Vielheit (noch) nicht klar ist. Nach einer weiteren Auseinandersetzung mit Mozart, bei der Harry Haller gezeigt wird, dass er, aufgrund mangelnden Humors, nicht reif für das Erschaffen einer psychischen Einheit ist, taucht Mozart erneut auf, diesmal neben Haller bei seiner Verurteilung zum Ausgelachtwerden sitzend (vgl. SW, 201). Kurz darauf verwandelt sich Mozart in Pablo, der Haller auch an den Schachspieler erinnert (vgl. SW, 202f.). Das Ende des Romans bleibt ebenso zwiespältig wie die Psyche seiner Hauptfigur Harry Haller: Harry hat zwar dieses Mal das Individuationsziel der seelischen Ganzheit nicht erreichen können, bekommt aber zu einem späteren Zeitpunkt erneut die Möglichkeit, dieses Ziel zu erreichen. Damit wird ein gewisser optimistischer Ausblick in die Zukunft gegeben und die Individuation als ein lebenslanger und immer wiederkehrender Prozess dargestellt, der sich nicht in einem Stück durchleben lässt. Haller sagt abschließend: „Einmal würde ich das Figurenspiel besser spielen. Einmal würde ich das Lachen lernen." (SW, 203) Immerhin dürfte Harry nach diesen Erfahrungen im Magischen Theater, dem Symbol seiner vielgestaltigen Psyche, klar sein, was er falsch gemacht oder in welchen Bereichen er noch Erfahrungs- und Lernbedarf hat.

Aus psychoanalytischer Sicht betrachtet, steht das Magische Theater für die Komplexität der Seele und veranschaulicht die theoretischen Ausführungen des „Tractats vom Steppenwolf" darüber. Es stellt auch den Ganzheitsgedanken dar, indem es aus vielen Räumen und Türen (= einzelne Teile des Selbst) besteht und diese in sich vereinigt.

5. Fazit

Die vorliegende Magisterarbeit setzte sich mit Hermann Hesses drei Romanen „Demian“, „Siddhartha“ und „Der Steppenwolf“ sowie deren Beziehung zur Psychoanalyse Sigmund Freuds und zur Analytischen Psychologie Carl Gustav Jungs auseinander. Im Rahmen der Textanalyse spielte der symbolische Gehalt der drei Romane eine große Rolle, da er der bildlichen Darstellung psychischer Zustände und Vorgänge dient.

Zuvor wurde auf Hermann Hesses Beziehung zur Psychoanalyse überhaupt eingegangen und es wurde sein Verhältnis zu Josef Bernhard Lang, seinem Psychoanalytiker, zu Carl Gustav Jung und zu Sigmund Freud dargelegt. Dieser Kontakt Hesses zu drei Psychoanalytikern wirkte sich auf sein dichterisches Schaffen ungemein fruchtbar aus, was sich besonders in den drei hier ausgewählten Romanen „Demian, „Siddhartha“ und „Der Steppenwolf“ zeigt. Alle drei Romane besitzen einen symbolisch-allegorischen Schreibstil, der sowohl psychoanalytische wie religiöse Thematiken veranschaulicht. Was Hermann Hesses Verhältnis zur Psychoanalyse als Wissenschaft angeht, so lässt sich anhand seiner Briefe und den Äußerungen in Aufsätzen und Rezensionen ein ambivalentes und zwiespältiges Verhältnis erkennen: Hesse hatte auf der einen Seite sehr viel Respekt und Hochachtung vor den neuartigen und bahnbrechenden Erkenntnissen der Psychoanalyse, insbesondere derjenigen Sigmund Freuds. Auf der anderen Seite ergaben sich Differenzen bei der Auffassung bezüglich des Künstlers: Für den Psychoanalytiker ist dieser, laut Hermann Hesse, nur ein neurotisch veranlagter Mensch, der dies in seinen Werken öffentlich kundtut. Hesse macht den Psychoanalytikern den Vorwurf, den Dichter lediglich als neurotisches Fallbeispiel, das seine verdrängten Triebe in poetischer und damit sublimierter Form auslebt, anzusehen. Auch gehen für Hermann Hesse Psychoanalyse und Dichtung jeweils unterschiedlich an die Welt und die menschliche Psyche heran: die Psychoanalyse empirisch-rational, die Dichtung intuitiv und gefühlsorientiert. Trotz aller Unterschiede in der Auffassung vom Künstlertum und der unterschiedlichen Herangehensweise an Welt und Seele blieb Hesse zeitlebens der Psychoanalyse und Analytischen Psychologie verbunden. Mit Josef Bernhard Lang verband den Autor eine enge Freundschaft, die bis zu dessen Tod im Jahr 1945 dauerte. Mit C. G. Jung blieb Hesse stets in freundschaftlich-höflichem Kontakt und auch zu Sigmund Freud blieb ein immerhin brieflicher Kontakt und die Anerkennung seines Werks.

Ein zweites einleitendes Kapitel befasste sich mit Hermann Hesses, C. G Jungs und Sigmund Freuds Verhältnis zu Religion und Glaube. Alle drei haben sich in ihren Briefen, Schriften und Rezensionen intensiv mit der religiösen Thematik beschäftigt, was sich in ihren Werken – bei Hesse in seinen drei hier behandelten Romanen, wie auch in seinem Gesamtwerk – sehr deutlich zeigt. Jung und Freud sahen sich auch veranlasst, ganze Abhandlungen über das Verhältnis von Religion und Psychoanalyse zu verfassen. Hermann Hesse sah in der Religion einen Weg zur Selbstfindung und Hinführung zu Gott. Er sah sich als keiner bestimmten Konfession zugehörig an, auch wenn sich besonders christliche, buddhistische und taoistische Einflüsse in seinem Werk erkennen lassen. Hermann Hesse setzte sich darüber hinaus auch mit dem Konfuzianismus und dem Gnostizismus auseinander. Mit letzterem kam er über die Psychoanalytiker J. B. Lang und C. G. Jung in Berührung. Das Interesse für fernöstliche Religionen und Philosophien wurzelte in Hesses Herkunft: Sein Vater war Missionar in Indien gewesen, sein Großvater mütterlicherseits, Hermann Gundert, war ein bekannter und renommierter Indologe. C. G. Jungs Beziehung zu religiösen Themen war, ähnlich wie bei Hesse, von seiner Herkunft aus einer protestantischen Pfarrersfamilie geprägt. Auch er hielt den Glauben an Gott für wichtiger als die Zugehörigkeit zu einer bestimmten Konfession. Für Jung kam es vor allem auf den Erfahrungswert der Religion an, denn die religiöse Erfahrung war für ihn von größerer Bedeutung als das Nachahmen dieser Erfahrung mittels der Befolgung von Geboten und Verboten. Sigmund Freud vertrat der Religion gegenüber eine ablehnende und sehr kritische Haltung. Er beschränkt seine Kritik jedoch auf das religiöse System der Lehren und Verheißungen.

An diese Vorbemerkungen schloss sich das eigentliche Kernthema meiner Magisterarbeit an, die Textanalyse der drei ausgewählten Romane „Demian", „Siddhartha" und „Der Steppenwolf" unter besonderer Berücksichtigung des Symbolgehaltes der Romane. Die Untersuchung erfolgte unter Zuhilfenahme der Schriften Sigmund Freuds und Carl Gustav Jungs, da sich die Psychoanalyse und Analytische Psychologie in diesen drei Romanen besonders stark niederschlugen. „Demian", „Siddhartha" und „Der Steppenwolf" sind als dichterische Zeugnisse dafür, dass die Psychoanalyse den Autor Hermann Hesse nachhaltig beeinflusst hat, zu sehen. In der Textanalyse ging es vordergründig darum, die Einflüsse der Psychoanalyse Freuds und Jungs konkret nachzuweisen und zu interpretieren. Es stellte sich heraus, dass alle drei Romane einen Jungschen *Individuationsprozess* mit dem Ziel des Erreichens einer psychischen Ganzheit thematisieren. Dies wird jedoch in jedem Roman auf eine andere Weise dargestellt. Im „Demian" muss die Hauptfigur Emil Sinclair mehrere Entwicklungsstufen und innere Krisen durchlaufen, bevor er in der Lage ist, das vollkommene und einheitliche Selbst in sich zu erkennen und auf den geistigen Führer Max Demian verzichten zu können. Im „Siddhartha" wird ein weitaus längerer Lebensabschnitt geschildert. Hier erstreckt sich die Handlung des Romans von der frühen Kindheit des Protagonisten bis zu dessen Altersjahren, die von vielen, nahezu entgegengesetzten, Lebensstationen und psychischen Entwicklungsstufen geprägt ist. Die unterschiedlichen Lebensweisen, die Siddhartha auslebt, symbolisieren bisher nicht ausgelebte und unbekannte Teile seines Selbst, mit denen er sich auseinandersetzen und die er in seine Gesamtpsyche integrieren muss, bevor er zu sich selbst und zur inneren Ganzheit finden kann. Beim „Steppenwolf" ist der Symbolgehalt wohl am dichtesten und augenscheinlichsten: Ausgehend von der dualen Zerrissenheit in einen instinktbehafteten Steppenwolf und den zivilisierten und bürgerlichen Menschen, in welcher sich die Hauptfigur Harry Haller befindet, wird ebenfalls eine Individuation geschildert, die jedoch (noch) nicht von Erfolg gekrönt ist. Harry Haller ist nicht in der Lage, eine distanzierte und humoristische Haltung sich selbst und der Welt gegenüber einzunehmen und wird den schmerzhaften und schwierigen Weg zu einer inneren Ganzheit erneut gehen müssen. In den drei Romanen spielen aber auch noch andere psychoanalytische Begriffe und Themen wie z.B. die *Libido*, die *Anima*, der *Ödipuskomplex* oder das *kollektive Unbewusste* zentrale Rollen.

Damit sind alle drei Romane eine Verarbeitung psychologischer und religiöser (vgl. das Abraxas-Motiv des Gnostizismus im „Demian“) Fragestellungen und Themen sowie Darstellungen einer höheren Daseinsstufe, der psychischen Ganzheit, welche als *das* Lebensziel angesehen wird, das jedoch nur unter großen Leiden und inneren Nöten – wenn überhaupt – zu erreichen ist.

Literaturverzeichnis

a. Ausgaben

Die heilige Schrift des alten und des neuen Testaments, hg. v. Kirchenrat des Kantons Zürich, [17]Stuttgart 1980.

FREUD, Sigmund: *Bildende Kunst und Literatur*, 4., korrigierte Auflage, hg. v. Alexander Mitscherlich, Angela Richards und James Strachey, Frankfurt a. Main 1969.

FREUD, Sigmund: *Fragen der Gesellschaft, Ursprünge der Religion*, hg. v. Alexander Mitscherlich, Angela Richards und James Strachey, Frankfurt a. Main 1974.

FREUD, Sigmund: *Psychologie des Unbewußten*, 2., korrigierte Auflage, hg. v. Alexander Mitscherlich, Angela Richards und James Strachey, Frankfurt a. Main 1975.

FREUD, Sigmund: *Sexualleben*, 2., korrigierte Auflage, hg. v. Alexander Mitscherlich, Angela Richards und James Strachey, Frankfurt a. Main 1972.

HESSE, Hermann: Demian. Die Geschichte von Emil Sinclairs Jugend, in: ders.: *Sämtliche Werke*, hg. v. Volker Michels, Bd. 3: *Die Romane*, Frankfurt a. Main 2001, S. 233-367.

HESSE, Hermann: Der Steppenwolf, in: ders.: *Sämtliche Werke*, hg. v. Volker Michels, Bd. 4: Die Romane, Frankfurt a. Main 2001, S. 5-203.

HESSE, Hermann: *„Die dunkle und wilde Seite der Seele". Briefwechsel mit seinem Psychoanalytiker Josef Bernhard Lang 1916-1944*, hg. v. Thomas Feitknecht, Frankfurt a. Main 2006.

HESSE, Hermann: *Gesammelte Briefe*, hg. v. Ursula und Volker Michels, Bd. 1: *1895-1921*, Frankfurt a. Main [3]1990.

HESSE, Hermann: *Gesammelte Briefe*, hg. v. Ursula und Volker Michels, Bd. 2: *1922-1935*, Frankfurt a. Main 1979.

HESSE, Hermann: *Gesammelte Briefe*, hg. v. Ursula und Volker Michels, Bd. 3: *1936-1948*, Frankfurt a. Main 1982.

HESSE, Hermann: *Gesammelte Briefe*, hg. v. Volker Michels, Bd. 4: *1949–1962*, Frankfurt a. Main 1986.

HESSE, Hermann: Künstler und Psychoanalyse, in: ders.: *Sämtliche Werke*, hg. v. Volker Michels, Bd. 14: *Betrachtungen und Berichte II*, Frankfurt a. Main 2003, S. 351–356.

HESSE, Hermann: Mein Glaube, in: ders.: *Sämtliche Werke*, hg. v. Volker Michels, Bd. 12: *Autobiographische Schriften II. Selbstzeugnisse, Erinnerungen, Gedenkblätter und Rundbriefe*, Frankfurt a. Main 2003, S. 130–134.

HESSE, Hermann: Psychoanalytische Neuerscheinungen, in: ders.: *Die Welt im Buch. Leseerfahrungen*, hg. v. Volker Michels, Bd. 3: *Rezensionen und Aufsätze aus den Jahren 1917–1925*, Frankfurt a. Main 2002, S. 164f.

HESSE, Hermann: Siddhartha. Eine indische Dichtung, in: ders.: *Sämtliche Werke*, hg. v. Volker Michels, Bd. 3: *Die Romane*, Frankfurt a. Main 2001, S. 369–479.

HESSE, Hermann: Zu ‚Siddhartha'. An die persischen Leser des ‚Siddhartha', in: ders.: Sämtliche Werke, hg. v. Volker Michels, Bd. 12: *Autobiographische Schriften II. Selbstzeugnisse, Erinnerungen, Gedenkblätter und Rundbriefe*, Frankfurt a. Main 2003, S. 213.

JUNG, Carl Gustav: *Briefe*, hg. v. Aniela Jaffé, Bd. 3: *1956–1961*, Olten / Freiburg 1973.

JUNG, Carl Gustav: *Die Archetypen und das kollektive Unbewußte*, hg. v. Lilly Jung-Merker und Dr. phil. Elisabeth Rüf, Olten / Freiburg 1976.

JUNG, Carl Gustav: *Erinnerungen, Träume, Gedanken*, hg. v. Aniela Jaffé, Zürich / Stuttgart 1962.

JUNG, Carl Gustav: *Psychologie und Alchemie*, hg. v. Dr. med. Dieter Baumann, Lilly Jung-Merker und Dr. phil. Elisabeth Rüf, Olten / Freiburg 1972.

JUNG, Carl Gustav: *Psychologische Typen*, 10., revidierte Auflage, hg. v. Marianne Niehus-Jung, Lena Hurwitz-Eisner und Dr. med. Franz Riklin, Zürich / Stuttgart 1960.

JUNG, Carl Gustav: *Symbole der Wandlung. Analyse des Vorspiels zu einer Schizophrenie*, hg. v. Lilly Jung-Merker und Dr. phil. Elisabeth Rüf, Olten / Freiburg 1973.

JUNG, Carl Gustav: *Zur Psychologie westlicher und östlicher Religion*, hg. v. Marianne Niehus-Jung, Lena Hurwitz-Eisner und Dr. med. Franz Riklin, Zürich / Stuttgart 1963.

LAOTSE: *Tao te king. Das Buch des Alten vom Sinn und Leben*, aus dem Chinesischen und erläutert von Richard Wilhelm, München 2005.

b. Forschungsliteratur

ARNOLD-DÖBEN, Victoria: *Die Bildersprache der Gnosis*, Köln 1986.

ARZENI, Flavia: Hermann Hesse und die Farben der Seele, in: *Hermann-Hesse-Jahrbuch 1. 2004*, hg. im Auftrag der Internationalen Hermann-Hesse-Gesellschaft, Tübingen 2004, S. 95–109.

BACH, Heide-Linde: *„Heilung und Heil, Heilung und Erlösung". Eine Untersuchung der theologisch-soteriologischen Implikationen der Seelenheilkunde nach S. Freud und C. G. Jung*, Münster 1980.

BANSAL, Sunil: *Das mönchische Leben im Erzählwerk Hermann Hesses*, Frankfurt a. Main / Bern / New York / Paris 1992.

BAUMANN, Günter: „Es geht bis aufs Blut und tut weh. Aber es fördert...". Hermann Hesse und die Psychologie C. G. Jungs, in: *Hermann Hesse und die Psychoanalyse. „Kunst als Therapie"*, hg. v. Michael Limberg, Bad Liebenzell / Calw 1997, S. 42–60.

BAUMANN, Günter: *Hermann Hesses Erzählungen im Lichte der Psychologie C. G. Jungs*, Rheinfelden / Freiburg / Berlin 1989.

BAUMANN, Günter: *Hermann Hesse. Dichter und Weiser*, Rheinfelden / Berlin 1997.

CARLSSON, Anni: Zur Geschichte des Steppenwolfsymbols, in: *Materialien zu Hermann Hesses ‚Der Steppenwolf'*, hg. v. Volker Michels, Frankfurt a. Main 1972, S. 377–381.

CREMERIUS, Johannes: Hermann Hesse und Sigmund Freud, in: *Hermann Hesse und die Psychoanalyse. „Kunst als Therapie"*, hg. v. Michael Limberg, Bad Liebenzell / Calw 1997, S. 30–41.

DONOVAN, Josephine: *Gnosticism in modern literature. A study of the selected works of Camus, Sartre, Hesse, and Kafka*, New York / London 1990.

FINDEIS, Annakutty Valiamangalam K.: Hermann Hesses Indienbild – Dichtung und Wahrheit, in: *Hermann Hesse. 1877 – 1962 – 2002*, hg. v. Cornelia Blasberg, Tübingen 2003, S. 87–102.

GELLNER, Christoph: Zwischen Ehrfurcht und Revolte: Hesse und die Doppelgesichtigkeit aller Religion, in: *Hermann Hesse und die Psychoanalyse. „Kunst als Therapie"*, hg. v. Michael Limberg, Bad Liebenzell / Calw 1997, S. 300–315.

HAAS, Rüdiger: *Über das Wesen des Todes. Eine tiefenphänomenologische Betrachtung konkret dargestellt am dichterischen Werk Hermann Hesses*, Würzburg 1998.

HOSTIE, Raymond: *C. G. Jung und die Religion*, Freiburg / München 1957.

HSIA, Adrian: Hermann Hesse und (das nicht so ferne) Asien, in: *Hermann-Hesse-Jahrbuch 1.2004*, hg. im Auftrag der Internationalen Hermann-Hesse-Gesellschaft, Tübingen 2004, S. 19–30.

JACOBI, Jolande: *Die Psychologie von C. G. Jung. Eine Einführung in das Gesamtwerk*, Frankfurt a. Main [20]2003.

KHERA, Astrid: *Hermann Hesses Romane der Krisenzeit in der Sicht seiner Kritiker*, Bonn 1978.

KIM, Kwangsoo: *Das Fremde – Die Sprache – Das Spiel. Eine komparatistische Studie zur Taoismusrezeption in Deutschland – Novalis, Hermann Hesse, Hugo Ball*, Seoul 1999.

KNAPP, Bettina: Abraxas. Lichte und dunkle Seiten der Gottheit in Hermann Hesses ‚Demian', in: *Hermann Hesse. Politische und wirkungsgeschichtliche Aspekte*, hg. v. Sigrid Rauschinger und Albert Reh, Bern 1986, S. 167-185.

KORY, Beate Petra: *Hermann Hesses Beziehung zur Tiefenpsychologie. Traumliterarische Projekte*, Hamburg 2003.

KREUZWIESER, Markus: „Sie werden darum eingeladen [...], diese sehr geehrte Persönlichkeit hier in der Garderobe abzugeben [...]". Das zersplitternde Ich bei Hermann Hesse, in: *Literatur als Geschichte des Ich*, hg. v. Eduard Beutner und Ulrike Tanzer, Würzburg 2000, S. 223–237.

MECOCCI, Micaela: Die Bedeutung der weiblichen Gestalten in Hermann Hesses Prosa, in: *Hermann-Hesse-Jahrbuch 1.2004*, hg. im Auftrag der Internationalen Hermann-Hesse-Gesellschaft, Tübingen 2004, S. 73–79.

NIEFANGER, Dirk: Harry Haller und die großen Männer. Hermann Hesses ‚Steppenwolf' im Kontext der Biografien-Mode, in: *Hermann Hesse 1877 – 1962 – 2002*, hg. v. Cornelia Blasberg, Tübingen 2003, S. 87–102.

PATNAIK, Deba P.: Govinda, in: *Materialien zu Hermann Hesses ‚Siddhartha'*, hg. v. Volker Michels, Frankfurt a. Main 1976, 2. Bd.: *Texte über Siddhartha*, S. 184–194.

QUISPEL, Gilles: Hermann Hesse and Gnosis, in: *Gnosis. Festschrift für Hans Jonas*, hg. v. Barbara Aland, Göttingen 1978, S. 492–507.

RÖTTGER, Jörg: *Die Gestalt des Weisen bei Hermann Hesse*, Bonn 1980.

RUDOLPH, Kurt: *Die Gnosis. Wesen und Geschichte einer spätantiken Religion*, 3., durchgesehene und ergänzte Auflage, Göttingen 1994.

SCHARFENBERG, Joachim: *Sigmund Freud und seine Religionskritik als Herausforderung für den christlichen Glauben*, Göttingen 1968.

SCHMID-LEUPI, Richard: *Die Entwicklung des Religionsbegriffes bei Sigmund Freud*, Zürich 1994.

SCHMIDT-HANNISA, Hanns-Walter: Die Kunst der Seele. Poetologie und Psychologie des Traums bei Hermann Hesse, in: *Träumungen. Traumerzählung in Film und Literatur*, hg. v. Bernard Dieterle, St. Augustin 1998, S. 203–231.

SCHNEIDER, Christian Immo: *Hermann Hesse*, München 1991.

SCHULTZ, Wolfgang: Dokumente der Gnosis, in: *Gnosis und Gnostizismus*, hg. v. Kurt Rudolph, Darmstadt 1975, S. 238–279.

SECKENDORFF, Klaus von: *Hermann Hesses propagandistische Prosa. Selbstzerstörerische Entfaltung als Botschaft in seinen Romanen vom ‚Demian' bis zum ‚Steppenwolf'*, Bonn 1982.

SERRANO, Miguel: *C.G. Jung and Hermann Hesse. A record of two friendships*, London 1966.

STELZIG, Eugene L.: *Hermann Hesse's fictions of the self. Autobiography and the confessional imagination*, Princeton, New Jersey 1988.

SZABÓ, László V.: Von Zarathustra bis Siddhartha. Der Weg der Erkenntnis von der Icheinsamkeit zur Erleuchtung, in: *Studia Germanica Universitatis Vesprimiensis 1.1997 (2)*, 1997, S. 63–84.

THOMASSEN, Christa: *Am Ufer des Flusses und am Rand des Brunnens. Hermann Hesses ‚Siddhartha' und Antoine de Saint-Exupérys ‚Der kleine Prinz'*, Mainz 2002.

UNTERSTE, Herbert: *Theologische Aspekte der Tiefenpsychologie von C. G. Jung*, Düsseldorf 1977.

WILSON, Colin: Outsider und Bürger, in: *Materialien zu Hermann Hesses ‚Der Steppenwolf'*, hg. v. Volker Michels, Frankfurt a. Main 1972, S. 309–317.

WOLFF, Uwe: *Hermann Hesse. Demian – Die Botschaft vom Selbst*, Bonn 1979.

ZACHARIAS, Gerhard P.: *Psyche und Mysterium. Die Bedeutung der Psychologie C. G. Jungs für die christliche Theologie und Liturgie*, Zürich 1954.

ZIOLKOWSKI, Theodore: Siddhartha – Die Landschaft der Seele, in: *Materialien zu Hermann Hesses ‚Siddhartha'*, hg. v. Volker Michels, Frankfurt a. Main 1976, 2. Bd.: *Texte über Siddhartha*, S. 133–161.

ZIOLKOWSKI, Theodore: Spiegel der gestörten Psyche. Hermann Hesse und der Erste Weltkrieg, in: *Krieg der Geister. Erster Weltkrieg und literarische Moderne*, hg. v. Uwe Schneider und Andreas Schumann, Würzburg 2000, S. 209–227.